Werner Ablass

ZEN

ohne wie ein Huhn auf der Stange zu sitzen

Werner Ablass

ZEN

ohne wie ein Huhn auf der Stange zu sitzen

1. Auflage November 2013
Copyright© 2013 by Werner Ablass Coaching

Lektorat: No One

Umschlaggestaltung: Creativ Season, Inh. Eva-Maria Kettner
Am Kirchberg 12 · 85570 Siggenhofen
Tel 08121 / 67 43 · Mobil 0172 / 53 14 52 6
www.creativ-season.de

Satz, Gestaltung, Qualitätskontrolle: Albert Eisenring, Suisse
ISBN: 978-3732281855
Herstellung und Verlag: BoD - Books on Demand, Norderstedt

Alle Rechte vorbehalten, insbesondere das Recht auf Vervielfältigung und Verbreitung sowie Übersetzung. Kein Teil dieses Buches darf in irgendeiner Form ohne schriftliche Genehmigung von Werner Ablass reproduziert – oder unter Verwendung elektronischer Systeme verarbeitet, vervielfältigt oder verbreitet werden.

Best-Coaching of Nonduality

Hartmannstraße 24
74336 Brackenheim-Stockheim
Telefon: 07135-933777
info@wernerablass.de
www.wernerablass.de

Dass stets überhaupt nichts los ist, was auch immer passiert, ist der natürliche Zustand. Irre bedeutet, diesen natürlichen Zustand zu verlieren. Gewöhnlich erkennen wir den natürlichen Zustand nicht. Gewöhnlich stülpen wir noch etwas über ihn drüber, deshalb ist er nicht mehr natürlich.

Kodo Sawaki, ZEN-Meister (1880-1965)

Inhaltsverzeichnis

Vorwort 11
Der Zauber der Formwelt 13
Spiritueller Terrorismus 17
Der Lacher schlechthin 21
Ausnüchterung 24
Die Täuschung schlechthin 27
Das größtmögliche Desaster 30
Die Quelle allen Verdrusses 33
Grandiose Rollenspiele 37
Pro forma, nicht de facto 41
Rolf erscheint Rolf? 44
Geladene Weidezäune hält man nicht fest! 47
Kafkaesque 51
Vorlieben 54
MySpirit ist keine Allroundmedizin 57
Kein Grund außer dem Urgrund 62
Ich bin das Universum und aus Scheiße gemacht 65
Alles liebt! 67
Der intrinsische Blick 70
Erwachen zum Leben 74
Was war zuerst da: Liebe oder Hass? 78
Leben ist Selbstzweck 81
Der Anfang alltagstauglicher Weisheit 85
Der einzige Grund ist der Urgrund 88
Die Schergen des Unglücks 91
Optimale Stressvermeidung 94
Die PPM-Theorie 98
Transzendenz ohne Gott 104
Nichts war zuerst da 108
Das, worin alles erscheint 111
Du nimmst nur wahr 113
Das personale Gedächtnis 116
Der natürliche Zustand 120

Damit Rosen blühen ... 123
Der Paradiesblick ... 125
The real is illusion and the illusion is real ... 128
Nur Tote irren sich nicht ... 131
Da wo nichts ist, ist alles ... 133
Reine Verschwendung ... 136
Kein Akt des Intellekts ... 139
So lachen nur Tote ... 142
Die Chamäleon-Natur der fiktiven Welt ... 145
Der eingebildete Kerl ... 148
Leben ist Leasing ... 154
Ich bin das was wahrnimmt ... 157
Gewahren, sonst nichts ... 160
Ich bin leer. Und liebe bedingungslos. ... 163
Kein Ego zu sein ist nur eine schwache Vorstellung ... 166
Von überschüssigen Überflüssen ... 168
Was du erlebst ist wie ein Gedicht ... 171
Nur eine Welt ... 174
Ich genieß jede Sitzung ... 177
Wie ein Vampir ... 182
Perfekt in Balance ... 185
Das Leben läuft dir davon! ... 188
Unterbrechung des Nichts ... 191
Zu nichts imstande ... 195
Wahn(Witz) ... 198
Mach dir keinen Kopf ... 201
Unpersönliche Hundstage ... 206
Du kriegst das Leben nicht in den Griff ... 210
Es gibt keine Berge ... 214
Angst vor der Auslöschung ... 217
Leiden ist eine Zivilisationskrankheit ... 219
Mysteriös, oder? ... 222

Vorwort

Um die Bedeutung von ZEN auf konservative Weise kennenzulernen, könnte man den Begriff googeln oder Wikipedia bemühen. Ich verwende das Wort ZEN vor allem deshalb, weil es sich mit begrifflich-rationalem Denken niemals erfassen lässt. Ich könnte es eigentlich umdrehen und NEZ dazu sagen. Doch täte ich dies, machte der Untertitel keinen Sinn mehr. Denn ZEN bedeutet, insbesondere wenn man ihm ein ZA voranstellt, soviel wie *in Versenkung zu* **sitzen**.

Nun mag man sich fragen, ob ich das Wort ZEN nur wegen des provokanten Untertitels *ohne wie ein Huhn auf der Stange zu* **sitzen** wählte. Weil dieser eben nur provokant wirkt, wenn ihm das Wort ZEN vorangestellt wird. Hieße der Titel NEZ, würde der Untertitel nicht als provokant wahrgenommen.

Worum geht es mir also?

Im Grunde genommen wirklich um NICHTS. Das ist freilich nur die halbe Wahrheit. Denn wäre es die ganze Wahrheit, würde ich überhaupt kein Buch schreiben und bräuchte somit weder einen Titel noch einen Untertitel.

Nachdem Sie die ersten Sätze lasen, fragen Sie sich verständlicherweise, ob der Autor eigentlich ganz bei Trost ist, und sehen Sie, so sind wir schon mitten im ZEN. Denn dort gibt's keinen Trost, bemerkenswerte Klarheit jedoch, aber nicht für den Mind. Und ich mache Sie gleich zu Beginn darauf aufmerksam, dass Sie, während Sie dieses Buch lesen, höchstwahrscheinlich öfter als einmal ins Stocken geraten und Aussagen, wenn nicht unverständlich, so doch zumindest rätselhaft finden.

Das ist zwar nicht gewollt, jedoch unvermeidlich.

Seit einiger Zeit bezeichne ich meine Seminare *als luxury Mind-Crash-Seminare*. Der Grund ist schlicht der, dass ein MindCrash notwendig erscheint, um das Leben verstehen zu können, freilich ohne es stets verständlich finden zu müssen. ZEN und LEBEN sind übrigens Synonyme. Wobei ich hinzufügen muss: Leben im natürlichen Zustand.

11

Wenn Leben im natürlichen Zustand *erlebt werden* würde, erübrigte sich ZEN. Wir bräuchten kein einziges Wort darüber zu verlieren. ZEN erlangt nur Bedeutung, wenn Leben sich nicht von selbst lebt, sondern vom Mind vergewaltigt wird und sich darüber hinaus nicht aus seinem Würgegriff zu befreien vermag. Wo das der Fall ist, gibt's einen künstlich kreierten Bezugspunkt oder Mittelpunkt bzw. eine Ich-Instanz, auf die sich jedes Ereignis bezieht. Und so wird Leben artifiziell, noch besser: verkünstelt. Mit dem Bezugspunkt sind wir nämlich keine Animals der Rasse Mensch mehr, sondern eigenartig verkrampfte, vor allem aber auf Begriffe, Normen und Prädikate geeichte Wesen, die sich nicht nur als Krone der Schöpfung bezeichnen, sondern absurderweise tatsächlich glauben die Krone der Schöpfung zu sein.

Das ist unsere Misere. Und deshalb gibt's ZEN. Um das denaturalisierte Leben zu naturalisieren. Sozusagen. Das ist jedoch ein Prozess, welcher der Häutung einer Schlange ähnelt.

ZEN kann daher unmöglich angenehm sein. Wer sich jedoch darauf einlassen kann, fällt in den natürlichen Zustand. Und dann ist Leben nicht allein leicht, sondern lebt sich sozusagen von selbst. Und allein darum geht es in diesem Buch. Übrigens: auch und gerade weil es um NICHTS geht.

Einer Reihe von Kapiteln ist ein Leserbrief bzw. eine Leserfrage vorangestellt, auf die sich das Kapitel bezieht.

Der Zauber der Formwelt

Ein Schüler informierte jeden Monat seinem Meister über seinen spirituellen Fortschritt. Diesmal schrieb er: Ich bin durch eine Bewusstseinserweiterung mit dem Universum eins geworden.

Der Meister überflog den Brief und warf ihn weg.

Einen Monat später schrieb der Schüler: Ich habe endlich erkannt, dass das Göttliche in allen Dingern gegenwärtig ist.

Der Meister wirkte enttäuscht.

In seinem dritten Brief erklärte der Schüler begeistert: Mit wurde in der Kontemplation das Geheimnis des Einen und des Vielen offenbar.

Der Meister gähnte.

Der nächste Brief lautete: Geburt, Leben und Tod existieren nicht, denn es gibt kein Ich!

Der Meister schlug die Hände über dem Kopf zusammen.

Darauf verging ein Monat, dann wurden es zwei, fünf und schließlich ein ganzes Jahr. Der Meister fand es an der Zeit, seinen Schüler an dessen Berichterstattungspflicht zu erinnern.

Der Schüler schrieb zurück: Ich lebe einfach mein Leben. Wozu noch die spirituelle Praxis?

Als der Meister das las, rief er aus: Gott sei Dank – endlich hat er es begriffen!

Aber das machen doch alle Menschen, mag der spirituell Suchende jammern. Um das zu erkennen, muss ich mich doch nicht jahrelang mit allen möglichen spirituellen Praktiken herumquälen, x Seminare besuchen, Hunderte Bücher, Tausende Texte lesen. Um so wie der Meier oder die Hübner von nebenan zu leben hätte ich mir doch die spirituelle Hühnerleiter ersparen können, sie war doch beschissen genug!

Oh Nein mein Freund, denn das was der Meier oder die Hübner unbewusst tut, ist in deiner Wahrnehmung nun die höchste Erkenntnis! Es ist das letztendliche Ergebnis deiner spirituellen Suche und daher erhält nun das Leben an sich bzw. als solches höchste Wertschätzung. Und das wiederum unterscheidet dich drastisch von der Wahrnehmung des Herrn Meier und der Frau Hübner.

Manche Meister sagten, ihr Leben sei nun eine einzige Meditation. Nun, da dies missverständlich verstanden werden kann, würde ich mich zu einer solchen Aussage nicht hinreißen lassen, kann jedoch in diesem Kontext nicht umhin, sie zu bestätigen. Es ist nicht mehr nötig dir eine halbe, eine oder gar zwei Stunden pro Tag fürs ZAZEN[1] abzuzweigen, weil dich das ZEN[2] bis in die Knochen, die Nerven, die Zellen beherrscht. Du kriegst es nicht raus, selbst wenn du es wolltest. Es hat dich sozusagen unter Kontrolle.

Aber was macht es mir dir? Es fokussiert dich aufs Leben. Das was ist. Jeweils ist. Also beispielsweise den Schreibtisch aufzuräumen. Oder einen Anruf zu machen. Oder den Müll rauszubringen. Oder die anderen tausend Kleinigkeiten zu erledigen, die den Alltag ausmachen. Einfach so. Nicht immer freudig. Nicht immer ohne Ärger währenddessen. Nicht immer ohne Widerstand, bevor du mit einer Tätigkeit beginnst.

Du kümmerst dich nicht mehr um spirituelle Praktiken, weil dein gesamtes Leben eine ist. Von Geburt an war sie es, und sie wird es sein, bis dein Körper seine Funktionen aufgibt. Ob dir das bewusst ist oder nicht steht auf einem anderen Blatt. Ist dir aber bewusst, dass Leben die größtmögliche Transformation ist, dass Leben das äußerste Opfer ist, dessen die Quelle fähig ist, tiefste Hingabe und totale Aufgabe bedeutet, wird es dir natürlich zur Meditation. Denn was ist denn unverfälschte Meditation? Im eigentlichen Achtsamkeit oder Gewahrsein. Der Meditierende lernt wahrzunehmen was sich abspielt in seinem Körper, seinen Gedanken, seinen Gefühlen, etc.

Dazu braucht es jedoch kein ZAZEN mehr, wenn das Leben selbst, das Leben als solches als das erkannt wird, was es in Wahrheit ist: Erscheinung. Egal was passiert und wie es passiert.

---

[1] Sitzmeditation
[2] Zustand meditativer Versenkung (Wikipedia)

Da kann's keine Ablenkung mehr geben. Von was sollte ich denn abgelenkt werden können, wenn ich weiß, dass ich nichts anderes als bereits abgelenkt (oder umgelenkt) bin? Einfach weil all die Dinge erscheinen, die ich nicht bin und niemals sein kann! Leben ist eine einzige Ablenkung von dem, was ich bin, nämlich nichts. Totale Leere. Un(an)fassbarkeit. Das, was sich selbst nicht zu fassen vermag, kreiert auf ihm selbst unfassbare Weise Objekte, die es von sich selbst als Subjekt ablenken, bis es dieselben als leer erkennt.

Ist doch in nahezu jedem Leben dasselbe. Du kaufst dir einen zitronenfaltergelben Ferrari und stehst für ca. 1 Monat täglich frühmorgens in der Garage, um ihn… zu streicheln! Dann wird er zum Nutzfahrzeug und schließlich, ein Jahr später, kaufst du dir einen knallroten Maserati. Doch auch der wird in deiner Wahrnehmung leer. Schlicht deshalb weil er leer ist. Er besteht aus lauter Leere, die sich zauberhaft in-Form gebracht hat. Um sich selbst zu entzücken. Das ist der Zauber der Formwelt. Bis sie dir „nichts" mehr bedeutet.

Natürlich ist das nicht in allen Menschen so. Manche hängen sich lebenslang an Objekte. Selbst wenn sie aus Erfahrung wissen, dass sie sie enttäuschen werden. Man kauft ein bis zur Vergasung. Ach schau mal wie schön das Paar Schuhe! Auch wenn es das Hundertste Paar ist.

Andere suchen in anderen Objekten und halten sich deshalb für besser als der Rest der Menschheit. Ich gehörte zu diesen Hochnasen. In Wahrheit waren es lediglich andere Objekte. Erleuchtung hießen sie oder Transformation oder spirituelle Meisterschaft. Am Ende erwiesen auch sie sich als vollkommen leer.

Ach Freunde, es geht eben nicht ohne diese Enttäuschung! Und deshalb sind sie nicht umsonst, jene Wege, die auf die höchste Höhe zu führen scheinen und in Wahrheit immer in der totalen Leere enden. Doch wenn das geschieht, wenn du in keinem Objekt mehr Befriedigung findest und bereit bist für die überaus enttäuschende Erkenntnis deiner absoluten Leerheit, dann beginnst du schließlich zu lachen. Nicht wie in Lachseminaren: UM glücklich zu sein. Nein, sondern weil dir das Leben als das erscheint, was es ist: ein einziger Witz! Eine Aufblähung dessen, was im Grunde nichts ist. Manche Wissenschaftler sprechen von einem inflationären (meint: aufgeblähtem) Universum. Recht haben sie. Das Geld, das wir für all die Objekte ausgeben, die uns wünschenswert erscheinen, ist in Wahrheit gar nicht vorhanden. Es sind nur bedruckte Scheine mit Zahlen, die die Notenbank 24 Stunden am Tag wie ein wild gewordener Handfeger druckt. Wir kaufen somit mit nichts nichts! Und da soll man nicht in Lachen ausbrechen???

Ups, Leer(e) ist alles was ist! Und das bin ich wirklich. Und drin in der Leere erscheint ... eine (Spiel)Welt! Leben so wie es ist. Ohne das ich es jemals initiiert hätte! Ohne das ich jemals eine Hand gerührt hätte! Natürlich sehe ich Milliarden von Händen, die alles Mögliche tun. Sie wachsen und wirken jedoch aus dem Nichts und verschwinden wieder darin.

Und so bleibt am Ende... natürlich, was sonst, nur das wirklich unwirkliche Leben. Und das heißt: Ich hab jetzt Hunger nach einer Schnitte Brot und freu mich auf einen heißen Cappuccino. Seh es mir bitte nach...

Sela[3]!

---

[3] **Sela** (hebr. סֶלָה) ist ein oft wiederkehrendes Tonzeichen in den Psalmen. Es wird interpretiert als Angabe eines Ruhepunktes im Gesang, bzw. als Schlusszeichen einer Strophe. Der Ursprung dieses hebräischen Wortes mit der Schreibung *Samech-Lamed-Heh* liegt im Dunkeln. Eventuell kommt es von dem ähnlich lautenden Wort *Sel`a* mit der Schreibung *Samech-Lamed-'Ajin*, welches „steil aufragender Felsen", „Echofelsen" bedeutet. Dann könnte dieses Tonzeichen der Psalmen als Echo oder auch Refrain gedeutet werden. Dazu würde passen, dass dieses Tonzeichen häufig an wichtigen und bedeutenden Passagen in den Psalmen vorkommt, die dann wiederholt wurden. (Wikipedia)

Spiritueller Terrorismus

Danke für den herrlichen Text heute! Genau so geht es mir schon seit einer Weile! Das einzige "Spirituelle" was ich noch lese, sind deine Inspirationen. Letzte Woche habe ich in meiner Wohnung Hunderte von spirituellen Büchern ausgeräumt und einer Freundin zum Verkauf überlassen und ich lese Spiegel Bestseller und freue mich daran, laut lachen zu können! Herzlich, Gabi.

Dein letzter Text hat mich tief berührt. Er beinhaltet einfach alles. Tränen liefen, als ich ihn las. Einfach so sein zu dürfen mit dem, was gerade ist, in einer wunderbaren Einzigartigkeit und Sinnlosigkeit. Was kann man mehr wollen? Grüße dich herzlich, Bea.

Da sind zwei, die verstehen durften. Ist ein riesiges Vorrecht. Und nicht selbstverständlich. Überhaupt nicht. Bei einem Text, der das simple menschliche Leben fokussiert, *weinen* zu können? WOW. Da muss die Wahrheit sich Raum verschafft haben. Da muss zuvor die GSG9[4] aufgeräumt haben. Denn wenn sich die spirituellen Terroristen erst einmal häuslich eingerichtet haben, sind sie ohne Gewaltanwendung nicht mehr rauszukriegen. Das ist der Grund, weshalb Ablass-Texte manchmal etwas kriegerisch klingen. Da wird zum Angriff geblasen! Da wird die Bude gestürmt, die dem Gesindel als Unterschlupf dient.

Wobei – das muss ich betonen – wobei es freilich um Gedankengut geht. Nicht um die Menschen, die es vertreten. Die Menschen sind Marionetten, und sie anzugreifen würde bedeuten, nicht verstanden zu haben, dass niemand etwas tut. Selbst wenn ich ab und zu den Papst aufs Korn nehme – sozusagen als Repräsentanten für alle anderen Stellvertreter Gottes auf Erden – tue ich das wie ein Kabarettist. Der darf alles sagen, weil „Satire alles darf", wie es einst Kurt Tucholsky[5]

---

[4] Antiterrortruppe der deutschen Bundespolizei
[5] **Kurt Tucholsky** (* 9. Januar 1890 in Berlin; † 21. Dezember, war ein deutscher Journalist und Schriftsteller. (Wikipedia)

übers Kabarett sagte. Es ist womöglich wahr, aber derart überhöht und mit Wortwitz ausgestattet, dass es wie Clownerie wirkt. Ich kann heute nicht anders, als viele, wenn nicht gar alle jener Gestalten, die Spiritualität repräsentieren, lächerlich zu finden. Den Papst vornean, aber mir fallen auch viele andere ein, auch manche in der Satsang-Szene, bei deren Auftritten ich in schallendes Gelächter ausbreche. Im Grunde genommen ist das nix anderes als Kabarett, ungewolltes freilich, denn diese Clowns möchten ja, dass man sie ernst nimmt.

Viel wichtiger aber, als über diese Figuren herzhaft zu lachen, ist die Einsicht, aufgrund derer es geschieht. Und noch viel wichtiger ist, was die Einsicht ausrichtet. Sie lässt die Einfachheit des Lebens in den Vordergrund treten. Sie macht eine Tasse Cappuccino und einen Croissant zum Festakt.

Spiritualität ist brutalster Terror! Freilich nicht jene harmlose Blümchenspiritualität, die lediglich von dir verlangt, dass du möglichst zweimal täglich 10 Minuten lang dein Mantra runter reißt.

Ich befand mich 10 Jahre lang in einer Gruppe, deren Führer sich wähnte, Gott auszuteilen. *The dispensing of god* hieß das wörtlich. Gott vermengte sich dabei mit dem menschlichen Geist, durchdrang dann die Seele und schließlich den Körper. Und das war das Endziel, die sogenannte Transfiguration[6] unseres Bodys. Und das wären dann die im Neuen Testament verheißene Wiederkunft Christi und der Beginn des 1000-jährigen Reiches auf Erden gewesen. Dafür lebten wir. Täglich. Stündlich. Jede Minute. Denk nicht, das wäre nur Scheiße gewesen. Wenn du für etwas brennst, bist du immer verliebt und es gibt nichts anderes für dich. Das menschliche Leben jedoch, das, was Leben eigentlich ausmacht, geriet fast vollständig in den Hintergrund. Fast täglich fanden Versammlungen und Dienste statt. Wir lebten in sogenannten Hausgemeinschaften. Privatleben? Fehlanzeige! Es gab für uns nichts anderes als die sogenannte Ökonomie oder Austeilung Gottes.

---

[6] Im Sinn einer Metamorphose. Nach dem Verständnis jenes (bereits verstorbenen) Gurus wird dabei der Körper unsterblich.

Extremes Bespiel magst du zu Recht sagen. *So krass lief das bei mir nie.* Nun, wie in allem war auch diese Erfahrung dual: Es gab Vor- und Nachteile. Aus diesem Prinzip kommst du nie raus.

Als spiritueller Terror wird Spiritualität erst dann empfunden, wenn das Leben an irgendeiner Stelle mit den Prinzipien, die du praktizierst, kollidiert. Oder wenn du nicht erreichst, was dabei rauskommen soll. Nach 10 Jahren Austeilung der göttlichen Substanz wurde unser Zusammenleben nicht göttlicher, sondern ganz im Gegenteil immer hässlicher. Ausgrenzung derer, die ein wenig vom Gedankengut unseres erlauchten Gurus abwichen. Konflikte mit denen, die deren Anhänger waren. Die Konsequenz: Erbitterte Diskussionen, Ausschlussverfahren, die Exkommunizierten wurden fallen gelassen wie heiße Kartoffeln, ihr soziales Umfeld ging gänzlich verloren. Das Leben schien zerstört, es machte keinen Sinn mehr. Es gab Selbstentleibungen, Einweisungen in die Psychiatrie, Alkohol wurde zum Ersatz für die Droge der sogenannten göttlichen Substanz.

In gemäßigter Form hast du das vielleicht auch erlebt: Jene Kollision deiner spirituellen Praktiken mit der rauen Wirklichkeit des alltäglichen Lebens. Und anstatt sie dann zu hinterfragen, stürzt du dich noch tiefer rein. Glaubst den Alltag besser bewältigen zu können, indem du noch intensiver und länger meditierst oder dich beim Yoga verrenkst. Glaubst, dass du erwachen musst, endlich, endlich erwachen musst und besuchst die verschiedensten Gurus, weil du es bei keinem so richtig erlebst. Und gerätst dabei immer mehr in die Hände des spirituellen Terrors. Liest Bücher, bis die Regale überquellen. Und bitte, denk nicht, ich würde dies alles kritisieren! Ich hab den ganzen Scheiß hinter mir. Heute stehen (einige) spirituelle Bücher nur noch als Dekoration da. So eine Bücherwand hat ja auch was…

Die Sache mit Gott ist klar. Er wurde erfunden. Erwachen ist klar. Erleuchtung ist klar: Indische Mystik! Die Welt als Illusion zu durchschauen, das könntest du mit LSD schneller haben. Das Warten auf den göttlichen Gnadenakt führt lediglich zu weiterem Warten. Und alles, was da ist, was anfassbar ist, schmeckbar, riechbar, fühlbar, erlebbar, wahrnehmbar, wird konsequent übersehen. Ich habe es Jahrzehnte lang übersehen. Denn mein Kopf steckte in spirituellen Konzepten und Praktiken fest. Was du verstehen musst ist nur eins: Kein Täter, nur Taten! Nicht durch Satsang. Auch nicht durch luxury MindCrash-Seminare. Die helfen dir nur bei der Überprüfung. Ob es ihn gibt, jenen Täter oder ob er eine Schimäre ist. Ob du die Dinge geschehen lässt oder ob sie geschehen. Ohne dich. Ist das geklärt, wirst du das Leben schätzen. Das stinknormale menschliche Leben. Den Kaffee und den Croissant, den du ansonsten achtlos runterschluckst. Dein Kind und sein atemberaubend bezauberndes Lachen, das du absurderweise wegen deines krampfhaft zu befolgenden Vorsatzes im Hier und Jetzt zu sein, überhörst. Das gemütliche Glas Rotwein am Abend, das du dir nicht mehr gönnst, um deinen Astralkörper vor Verunreinigungen zu schützen. Ein Film wie Django Unchained von dem Kultregisseur Quentin Tarantino, den du verachtest, weil du meinst, er behindere und blockiere deine spirituelle Entwicklung.

Deine gesamten ehrgeizigen Veränderungsprojekte und Transformationsprozesse landen da, wo sie hingehören: Auf dem Müll! Zugunsten der einzig wahren Transformation. Der aus der Formlosigkeit in die Form mit dem Ergebnis des total sinnlosen und doch so überaus wertvollen menschlichen Lebens!

Der Lacher schlechthin

Du hast kürzlich geschrieben, dass das Gehirn ein Gewohnheitstier ist und mit den Gedanken ist es ja wohl auch so. Wenn mir das bewusst wird, kann ich dann allfällige negative Gedanken in positive verwandeln oder ist das eine Illusion mehr??

Zunächst: Illusion ist alles. Positives und Negatives. Zweitens: Illusion ist nichts Schlimmes. Ohne Illusion wären wir beide nicht einmal sichtbar. Ach, was sag ich, wir wären nicht einmal unsichtbar, weil Unsichtbarkeit schließlich bedingt, dass etwas sichtbar ist oder zumindest sichtbar werden kann. Drittens: Positiv zu denken kann auch negativ sein. Fünftens: Negativ denken kann auch positiv sein. Sechstens: Es gibt Milliardäre, die negativ denken und Milliardäre die positiv denken und die, die positiv denken, zumindest jene, die durch Dr. rel., Dr. phil., Dr. jur. Joseph Murphy reich wurden, führen dies aufs positive Denken zurück. Siebtens: Ob eine Illusion mehr oder minder spielt nicht die geringste Rolle. Hauptsache du fühlst dich dabei nicht wie eine Prostituierte, die in einer Nacht jede Stunde einen Freier mit dem Mund befriedigen muss, obwohl keiner von ihnen auch nur halbwegs geduscht ist. Darum geht's zwar auch nicht im Leben, ich meine, dass man immer frisch geduscht ist und dementsprechend veilchenhaft oder rosenhaft duftet, aber ein frisch geduschter Körper duftet schließlich nicht nur für eine Hure erfrischend.

Du wirst lachen, aber es geht um überhaupt nichts im Leben. Und das ist der Lacher schlechthin! Und daher ist's egal ob du frisch geduscht riechst oder stinkst wie ein Elch. Es geht nicht einmal darum ob du lebst oder stirbst. Es ist egal ob du lachst oder weinst. Es ist sogar egal ob du so bekannt wirst wie Humphrey Bogart durch den atemberaubend schönen Schwarz-weiß-Film Casablanca, für den er ungerechterweise nicht einmal den Oscar erhielt oder unbekannt wie ein Müllmann in Müllheim an der Ruhr bleibst, den außer dessen Eltern, Großeltern, sein einziger Bruder, seine Frau, seine beiden Buben, der Lehrer, der Metzger, der Bäcker, seine Kollegen bei der Müllabfuhr und seine Kegelbrüder, mit denen er sich einmal pro Woche besäuft, kaum jemand kennt, so dass natürlich auch nur die hier genannten Personen auf dem Friedhof erscheinen, nachdem er 42jährig vom Dach fällt und dabei ins Gras beißt. Er wollte, um Geld zu sparen, einige der Schindeln, die der letzte Herbststurm aus dem Dach herausgerissen hatte, selbst ersetzen, rutschte aus Mangel an Erfahrung auf einem nassen Ziegel ab und fiel über 5 Meter mit dem Kopf voran in die Tiefe. Man hörte nur den Schreckensschrei und am Boden ein Wuff. Es klang nicht so wie ein Hund bellt, nein, das Wuff kennzeichnet in diesem Fall keinen Laut, sondern den Inbegriff des Verstummens. Und die Moral von der Geschichte: Schuster bleib bei deinen Leisten, respektive: Müllmann, steig' nie aufs Dach!

Irgendwie hab ich jetzt aber den Eindruck wir seien vom Thema abgekommen... Oder doch nicht? Haben wir etwa nicht gelacht, als wir den Müllmann vom Dach stürzen hörten? Mit diesem Wuff, das nicht der Dobermann von nebenan ausstieß, sondern das Leben unseres unbekannten und sparsamen Müllmanns besiegelte? Ja und haben wir damit nicht, wenn auch unbewusst, Negatives durch Positives ersetzt? Den tragischen Tod eines Müllmanns, der sich am Wochenende beim Kegeln betrinkt und vom Dach fällt, der hat uns doch tatsächlich zum Schmunzeln gebracht. Donnerwetter! Da ist uns doch wahrhaftig und wahrlich ein Transformatönchen von beachtlicher Gemeinheit gelungen! Mundwinkel nach oben gezogen und schon, ei der Daus, schütten sich sturzflutartig Endorphine im Gehirn aus. Da sollten doch verdammt noch einmal vielmehr schwabensparsame Müllmänner vom Dach runter fallen! Damit wir was zum Lachen haben! Natürlich nicht aus Schadenfreude. Nein, natürlich nicht, sondern weil wir uns darauf verstehen, Negatives in Positives zu transformieren. Weil wir Experten mentaler Umwandlung wurden.

Ein Auto fährt uns übers Bein, es wird mangels realer Wiederherstellungsoptionen amputiert und nachdem wir aus der Narkose erwachen und es weder mit der linken noch mit der linken Hand zu fassen bekommen, rufen wir zum größten Erstaunen der mit uns im Krankenzimmer liegenden Leidensgenossen aus: *Das ist das Beste, was mir passieren konnte! Halleluja, Gottes Plan ist grandios!* Schon wieder produziert das Gehirn Endorphine und mit ihnen erleben wir selbst beinamputiert die Welt als Paradies. Bein dran, Bein weg, schert mich doch einen Dreck! Doch dann, ach Herrjemine, in der Nacht, als alles schläft und nur einer noch wacht, überkommt den Beinamputierten plötzlich das große Jammern. Weil die positiven Gedanken des Herrn Dr. Dr. Dr. Joseph Murphy plötzlich auch amputiert sind und mit grässlicher, grausamer Fratze vor seinem geistigen Auge jenes Holzbein erscheint, das ihm der Oberarzt anlässlich seiner Visite stolz präsentierte, ein Wunderwerk der Technik zwar und dennoch grauenhaft steif und hölzern, welches ihm jedoch fortan als Ersatz dienen muss und doch nie ein Ersatz sein kann für jenes aus Fleisch und Blut. Und der Spruch, den er von dem dreifachen Doktor und Minister der Religious Science gelernt hat „Das ist das Beste, das mir passieren konnte" und natürlich aus reiner Gewohnheit in ihm aufgesagt wird wie ein tausend Mal rezitiertes Gedicht, klingt nun dermaßen absurd, dass er – der Leser wird es kaum glauben – wiederum gellend zu lachen beginnt. Bis im wahrsten Sinne des Wortes der Arzt kommt, allerdings mit einem Formular in der Hand, weil der vermutet, die Einweisung in die Psychiatrische unterschreiben zu müssen.

Lachen und Weinen sind in einem Sack, pflegte meine Mama zu sagen, wenn ich in Kindertagen allzu übermütig wurde. Und wie recht hatte sie. Auf dem Höhepunkt der Euphorie kippte die gute Stimmung zumeist und ich weinte heiße Tränen.

Bipolar ist das Leben.
Sela!

Ausnüchterung

Du bist halt ein 68er, Werner. Kommst nie raus aus dem Revoluzzen. Erinnerst mich manchmal so ein bisschen an Daniel Cohn-Bendit. Nur das du nicht so schrill und aufdringlich wie der wirkst. Aber irgendwie sind die Leute aus dieser Zeit anders als wir heutzutage. Ich bin Baujahr 76, das war schon eine ganz andere Zeit, in die ich da reinwuchs. Da war ja im Grunde die APO[7] und Sponti[8] Zeit schon wieder vorbei. Ich habe das Gefühl wir sind weichgespült, kein Gramm Revoluzzer Gen. Wenn ich dann so einen Text wie „Spiritueller Terrorismus" oder „Der Lacher schlechthin" lese, stehen mir erst mal die Haare zu Berge. Wenn ich dich nicht persönlich kennen würde, würde ich sagen, der ist sicher noch nicht erwacht, so wie der schreibt. Weil ich dich aber kenne, weiß ich doch, dass deine geschriebenen Worte oft radikaler wie du als Person wirken. Dich muss man ja nicht mit einem „Weiter so" ermutigen, weil du dich sowieso nicht aufhalten lässt. Ich schreibe es aber trotzdem und danke dir dafür, dass du kein Blatt vor den Mund nimmst.

Ich stehe neben mir, lieber Paul, und schau dem Revoluzzer bei der Arbeit zu, sozusagen. Und ob du es glaubst oder nicht: Ich schreibe diese Texte nicht. Sie fließen, <u>während</u> ich schreibe und selbst auf die Formulierung und die Entwicklung des Texts habe ich keinerlei Einfluss. Ich lese ihn anschließend und bin zwar oftmals begeistert, aber nicht etwa stolz. Ich bin tatsächlich nur der „erste Leser".

Rein äußerlich bin ich ein „Spießer" geworden. Hättest du mir vor 40 Jahren gesagt, welch ein „langweiliges" Leben ich 40 Jahre später

---

[7] **Außerparlamentarische Opposition (APO)** beschreibt eine Opposition (lat. *oppositio* „Entgegensetzung"), die außerhalb des Parlamentes stattfindet, weil sie entweder in den im Parlament vertretenen oder sonstigen Parteien (noch) kein Sprachrohr hat oder auch gar nicht haben will. (Wikipedia)

[8] **Spontis** hielten die „Spontaneität der Massen" für das revolutionäre Element der Geschichte und grenzten sich damit von den K-Gruppen ab, die dem leninistisch-kommunistischen Gedanken anhingen, für die Revolution sei eine Avantgarde-Partei vonnöten, die die Führung in eine bessere Zukunft übernehmen müsse. (Wikipedia)

leben würde, hätte ich dich kopfschüttelnd ausgelacht. Damals stand ich in den damals überall neuentstehenden Fußgängerzonen auf einer umgestürzten Obstkiste und predigte mir den Hals wund. Jesus-People nannte man uns. Die Lehre war hart am Gedankengut des amerikanisch gefärbten christlichen Fundamentalismus orientiert, unser Verhalten jedoch, unsere Lebensart und unsere Sprache waren nicht viel anders als die der 68er. Ja, auch wir wollten die Welt aus den Angeln heben, nur eben nicht durch Gewalt, Steinewerfen, Molotow-Cocktails, Auseinandersetzungen mit der Polizei, Demos und politische Einflussnahme wie unser früherer Außenminister Joschka (der Menschen)Fischer, sondern durch die Hinwendung zu Christus, den wir für den größten Revolutionär aller Zeiten hielten.

Revolution ist jedoch längst nicht mehr mein Ziel. Nicht einmal die sanfte des Jesus von Nazareth. Die Welt wird sich nicht grundlegend ändern. Nur was die Mode betrifft. Die Technik. Die Sprache. Die Arbeitswelt. Die Art der Fortbewegung. Gut und Böse jedoch wird zu gleichen Teilen verteilt sein, so wie es immer schon war. Sonst funktioniert sie nicht, diese Welt. Sie ist nur lebensfähig auf der Grundlage der Dualität, respektive Polarität.

Das interne Programm der meisten Menschen auf diesem Globus ist Veränderung. Daher kam das Wahlmotto von Barack Obama so überaus gut an: Change! Und das ist nicht etwa falsch. Denn selbst das Falsche ist richtig. Nichts läuft aus dem Ruder. Es kann nicht. Und zwar gerade wegen dem Prinzip der Dualität. Mehr als jeweils 50 Prozent an Gerechtigkeit und Ungerechtigkeit ist einfach nicht drin. Diesen Prozentsatz kann niemand überschreiten. Selbst ein Tyrann wie Stalin oder Hitler konnte das nicht, wenn man die beiden Teufel im globalen Kontext betrachtet.

Karl Heinz Böhm, einer der Guten, leidet nun unter Demenz. Wie kann das Schicksal nur einen, der seine Karriere hinwarf für das Engagement für die Ärmsten der Armen, derart ungerecht behandeln? Wie ist es möglich, dass ein Weiser wie Ramana Maharshi verhältnismäßig früh an einem Tumor starb? Und weshalb ist Rolf Eden, der Nachtclubbesitzer und „bekannteste Playboy Deutschlands", wie er sich selbst nennt, am 6.2. 2013 bei guter Gesundheit 83 Jahre alt geworden? Was will uns das Leben denn damit sagen, würde ein Eso fragen. „Werde Playboy anstatt Gutmensch" vielleicht? Alles Pille-Palle! Nein, ich stehe nicht für Erleuchtung oder Erwachen. Ebensolcher Kinderkram ist das wie der gesamte Esomarkt mit den Spiegelgesetzen, der Chakrenreinigung, dem Pendeln, den magischen Karten und Steinen, den Bestellungen beim Universum! Ich bin ernüchtert worden, nicht etwa erleuchtet! Ich hab mir den Lauf der Welt angeschaut und dabei ging mir der Glaube an all den Schwachsinn verloren, den ich früher vertrat.

Und ich überprüfte ob tatsächlich ein Ich existiert, das in eigener Regie denkt, entscheidet und handelt und kam zu der ernüchternden (nicht erleuchtenden) Erkenntnis, dass ich einer Illusion aufgesessen war. Denn ich fand keinen. Und du wirst auch keinen finden, wenn du dich auf die Suche nach dem Ich machst, anstatt diesen Clowns zuzuhören, die über Stille, permanente Glückseligkeit, transformatorische Prozesse, spirituelle Evolution, 7 Schritte zum Erwachen, Reinigung des feinstofflichen Körpers, eine neue Erde oder den neuen Menschen schwadronieren.

Du solltest nicht denken, dass ich deren Schäflein abwerben will. Oh nein, weit gefehlt! Es ist mir im Gegenteil völlig egal, ob du mir zustimmst oder mich ablehnst. Und der Grund hierfür ist sehr einfach: Du kannst nie anders handeln als du handelst! Du hast gar keine andere Wahl!

Ich jedoch ebenso wenig.

Sela!

Die Täuschung schlechthin

Wäre ich nicht zufällig Zen-Mönch geworden, dann würde ich wahrscheinlich nicht über den Dharma sprechen. Wahrscheinlich wäre ich dann ein Ganovenboss, der nicht mehr zu sagen hätte als „Ich nehme dir noch die Eingeweide raus, du Schweinehund!

Kodo Sawaki[9]

Bei dieser Klarheit stört es mich nicht, dass dieser Mann Mönch war, sich täglich wie ein Huhn auf der Stange stundenlang die Haxen verrenkte und es anderen beibrachte. Nur diese beiden Sätze brauch ich von ihm zu hören oder zu lesen und ich weiß, mit wem ich zu tun habe. Nämlich mit niemand.

Wenn ich nicht jene 33jährige Christin gekannt hätte, als ich etwa 16 Jahre alt war, hätte auch ich womöglich eine kriminelle Karriere gemacht. So wie 95 Prozent der Zöglinge jenes Erziehungsheims, in das ich damals wegen „unbotmäßigen Verhaltens" verbracht worden war. Sie war es, die mich zunächst mit den Werken von Bergengrün, Tolstoi, Dostojewski, Kafka und auch Sigmund Freud bekannt machte und dann, nach ihrer eigenen Bekehrung, auch mit der Bibel. Das war *damals* meine Rettung. Das brachte eine vollkommen andere Richtung in meinen Lebenslauf. Das war eine Wegkreuzung von entscheidender Bedeutung.

Etwa ein Jahr zuvor allerdings hatte sich die Dame selbst erst zu Christus bekehrt, was womöglich gar nicht geschehen wäre, hätte sie nicht (wiederum zuvor) eine Vorliebe für den ziemlich frühreifen Bengel Werner gehegt, die sich *vor* seinem Heimaufenthalt darin ausdrückte, dass sie ihn eines (wunder)schönen Abends im Wonnemonat Mai erst im Auto und dann auf der Wiese verführte. Wer kennt nicht jenen

---

[9] **Sawaki Kōdō** (jap. 澤木 興道; * 16. Juni 1880; † 21. Dezember 1965) war ein Zen-Meister des zwanzigsten Jahrhunderts in Japan. (Wikipedia)

Song von Peter Maffay, in dem er seine erste sexuelle Begegnung besingt:

> Ich war 16 und sie 31
> und über Liebe wusste ich nicht viel.
> Sie wusste alles, und sie ließ mich spüren,
> ich war kein Kind mehr.
> Und es war Sommer...

Nun, ich war drei Jahre jünger als der bekannte Rocksänger, ein Kind war ich anschließend jedoch auch keines mehr. Die Dame war jedoch, wie man vermuten könnte, keine liederliche Asoziale, nein, ganz im Gegenteil, sie war eine konservative Intellektuelle, hatte Germanistik studiert, war schon einige Jahre mit einem stadtbekannten Architekt verheiratet, hatte zwei kleine Kinder und lebte in durchaus gutbürgerlichen Kleinstadtverhältnissen.

Aber wer weiß, vielleicht hatte sie sich bittere Vorwürfe gemacht und sich mitschuldig gefühlt, als Werner anschließend außer Rand und Band geriert, so dass seine Mutter sich nicht mehr anders zu helfen wusste, als dessen Vormund beim Jugendamt zu konsultieren, der nichts Besseres zu tun wusste, als ihn ins Erziehungsheim zu stecken. Und diese Selbstvorwürfe haben sie womöglich in die Hände des virtuellen Sündenheilands getrieben, der schließlich dafür zuständig ist, „Missetaten" zu vergeben.

Selbstanklagen wären allerdings gar nicht nötig gewesen, weil sie nicht nur eine überaus liebenswerte Dame war, sondern auch über die nötige Sensibilität verfügte, so dass der Junge, dem man früher als es von Staatswegen legitimiert ist, die Unschuld nahm, mitnichten einen seelischen Schaden davon trug. Oder womöglich doch? Wer vermag das schon so genau zu sagen...

Es ist müßig darüber zu grübeln. Weit effizienter als den Therapeut zu besuchen, um Session für Session darüber zu quatschen, welche Ursachen zu welchen Ergebnissen führten, wäre die Überprüfung, inwieweit die mitwirkenden Personen überhaupt irgendwas taten.

Der Hass gegen die Mama oder den Papa, den Bruder oder die Schwester, den wie ein brünstiger Kater entlaufenen Partner, egal was dir Personen auch angetan haben, er verschwindet wie eine Gewitterwolke, wenn dir klar wird, wie die Dinge in Wahrheit laufen. Da musst du keine internen Programme verändern. Da musst du den Personen nicht mal vergeben.

Wenn du völlig durchnässt vom Regen nachhause kommst und nach einer heißen Dusche wieder in trockene Kleider gehüllt bist, kamst du da jemals auf die Idee, den Wolken vergeben zu müssen, die schließlich schuld daran hatten, dass dir jetzt die Nase läuft und du mit ner dicken Erkältung im Bett liegst? Jeder, der dies de facto täte, sollte auf seinen Geisteszustand untersucht werden! Handelt es sich jedoch um Personen, meinen wir, sie in Schuldige und Unschuldige einteilen zu können, ja sogar zu müssen. In Böse und Gute – da mach ich noch mit. In Täter und Opfer – wegen mir auch. Aber in Handelnde und Nichthandelnde, bei diesem Spiel bin ich raus. Denn es beruht auf der Täuschung schlechthin. Und sie führt zu den Symptomen, die das Leben zur Hölle machen können: Selbstzerfleischende Selbstanklagen und Schuldzuweisungen, sowie hypothetische Angst, die sich bis zur Phobie steigern kann und oftmals im Burnout endet. Daher weiß ich von keiner das alltägliche Leben tiefgreifender und weitreichender verwandelnden Einsicht als der, dass es zwar Taten gibt, jedoch keinen Täter.

Das größtmögliche Desaster

Hallo Werner, Deine Texte gehen runter wie Öl und weg wie warme Semmeln, mich hat NLP Powertraining angesprochen: So lösen sie negative Gedankenmuster. Und vielleicht sollte ich mal Dein Buch lesen „Denken ist Macht". Nur, wo bekomme ich das? Kann man sich immer wie ein Powertyp fühlen, den nichts aufhalten kann oder ist das wieder nur temporär? Oder lohnt es sich Dein Buch „Denken ist Macht" zu lesen?

Diese E-Mail musste ich zweimal lesen. Was hat der gelesen, war der erste Gedanke. Dann schaute ich ins Abo-System. Tatsächlich, er war drin! Er hatte tatsächlich „meine" Texte gelesen. Er verwechselte mich nicht etwa mit einem anderen Autor. Und interessiert sich dennoch für ein Buch, das ich 1998 schrieb und das tatsächlich *Denken ist Macht* heißt. Mann oh Mann! Es gibt wirklich nichts, was es nichts gibt! Und es beweist einmal mehr, dass das Gehirn sich die Dinge zurechtbiegt. Ich erwähnte das Buch in einem Abschnitt meiner *Fragen und Antworten* in folgendem Kontext:

Du hast früher selbst als Mentaltrainer gearbeitet.

Sogar ein Buch über Mentaltraining geschrieben. Es heißt: Denken ist Macht. Eins der besten, die es auf diesem Gebiet gibt.

Und wie denkst du heute darüber?

Mentaltraining ist eines von unzähligen Spielen, die vor allem dem Trainer nützen. Denn unzählige Trainierte erreichen nicht, was ihnen verheißen wird. Weil nur erreicht wird, was erreicht werden soll.

Du hältst es also nicht mehr für wichtig beispielsweise Gedankenhygiene zu betreiben?

Für Menschen, die eine Tendenz zu negativem Denken in sich tragen ist das womöglich nützlich. Ansonsten nur leidige Pflicht ohne Wirkung.

Wie um Himmelswillen motiviert so ein Text zum Kauf des genannten Buches? Kann mir das irgendjemand erklären?

Nun, selbst der Schreiber selbst kann es nicht, denn er schrieb mir gerade eben, er könne sich nicht erklären, welchen, so wörtlich, „Blödsinn, den er da im Kopf gehabt habe." Das Mail sprang eben gerade auf den Monitor. Übrigens ohne dass ich es zuvor visualisierte! ☺ Wenn du auf dem Realitätsgestaltungstrip bist, schon länger mein ich, ist der Scheiß hart geworden im Schädel. Da hilft selbst ein Presslufthammer nix. Das Zeug ist dermaßen bockelhart, dass es selbst einer Atombombe standhält. Und niemand versteht das besser als ich!

Soll ich dir ein Geheimnis verraten? Ich find das Konzept noch heute wesentlich attraktiver als meins. Und es gibt nur einen einzigen Grund dafür, dass ich es nicht mehr praktiziere: Ich bin ein ergebnisorientierter Mensch! Und dieses Konzept bringt weniger noch als ein Furz! Der ist nämlich zumindest erleichternd. Realitätsgestaltung euphorisiert nur solange, wie du nicht erfährst, dass es nicht hält, was es verspricht. Und ich sag's gern noch einmal: Die einzigen, bei denen es funktioniert, sind die Autoren entsprechender Bücher. Denn die gehen ganz im Gegenteil zu denen über Nondualität tatsächlich weg wie warme Semmeln.

Je älter ich werde, desto klarer wird mir, dass Illusionen weit attraktiver sind als Desillusionierung. Am 11.02.2013, also erst gestern, trat der Papst zurück. Den ganzen Tag sendeten alle Nachrichtenkanäle Nonstop darüber. Ein rigider Betonkopf sondergleichen gibt endlich sein Amt auf und die Journaille bricht nicht etwa in Jubel aus. Die Menschen gehen nicht auf die Straße und tanzen. Nein, sie ziehen sich vielmehr über die Maske ihres Menschseins noch eine weitere, weil sie gerade Karneval feiern, obgleich das ganze Jahr Karneval ist. Brauchst dir ja nur einmal in Rom den Aufmarsch und Umzug kostümierter Bischöfe und Kardinäle ansehen!

Die Maha Kumbh Mela ist die Mutter aller religiösen Badefeste. Alle zwölf Jahre kommen mehr als 100 Millionen Hindus zum Zusammenfluss der Flüsse Ganges und Yamuna, um im heiligen Wasser ihre Sünden wegzuwaschen. Gerade erst wieder passiert. Man muss sich das einmal vorstellen: 100 Millionen pilgern unter größten Mühen und Opfern dahin, steigen in diese Dreckbrühe, in der Inder sogar die

Asche verbrannter Leichen schütten und fühlen sich anschließend – rein!

Benny Hinn, der millionenschwere TV-Prediger aus den USA, der Heilung verspricht und in Wahrheit Menschen per Massenhypnose zu Boden fallen lässt, wird pro Versammlung von bis zu 100.000 Menschen besucht. Er fliegt mit einem Privatjet zu seinen Meetings all over the world. Das hohe Spendenaufkommen von jährlich sage und schreibe 120 Millionen Dollar macht's möglich. Der smarte Geschäftsmann lugt ihm aus jedem Knopfloch und keiner dieser Idioten, die ihn für den Gesandten Gottes halten, merkt's. Warum nur? Die Menschen lieben Illusionen! Weit mehr als die Wahrheit.

Und auch auf die Gefahr hin, dass ich mich zum x-ten Mal wiederhole, genau deshalb gibt es sie, diese Welt. Wegen der Illusionen. Es ist die Basis, auf der sie gebaut und aus der sie gemacht ist. Nichts würde existieren, wenn sie nicht existierten, die Illusionen.

Sie zu durchschauen ist alles andere als euphorisierend. Wenn es tatsächlich erlebt wird, ist es das größtmögliche Desaster, das einem Menschen zu widerfahren vermag. In der Tat, anschließend ist Stille. Totenstille allerdings! Nicht jene, die man in sogenannten Stille-Retreats künstlich erzeugt. Was man unter solch synthetisch hergestellten Umständen erfährt, geht im Lärm der Welt wieder unter. Stille-Retreats sind wie ein Treibhaus, in welchem exotische Pflanzen gedeihen, die außerhalb von ihm keine Überlebenschance haben.

Desillusionierung kommt einem Erdbeben gleich. Kein Stein des nur aus Gedanken bestehenden Weltgebäudes bleibt auf dem andern. Anschließend wirst du das Wunder des Lebens zwar immer noch schätzen. Mitunter mehr als zuvor. Nur zum Selbstbetrug bist du nicht mehr fähig. Ob das gut oder schlecht ist, vermag ich dir nicht zu sagen. Diese Kategorien sind in meiner Wahrnehmung irrelevant.

Die Quelle allen Verdrusses

Eines nur ist weise: die Erkenntnis, zu verstehen, wie alles überall gelenkt wird.

Heraklit[10]

Umgekehrt könnte man ebenso sagen: Nur eins ist idiotisch: nicht zu verstehen, wie alles überall gelenkt wird. Und fürwahr, so ist es. Oder beruhen die meisten Turbulenzen in deiner Erfahrung etwa auf dem Irrtum, ich oder der andere sei verantwortlich für den Mist, der sich gerade wieder einmal ereignet? Egal was es ist. Sofort bist du in diesen frisch geschissenen Kuhfladen getreten, rutscht auf ihm aus und fällst dermaßen hart aufs Kreuz, dass du ins Krankenhaus musst.

Natürlich könnte jetzt ein Schlaule[11] sagen: Das du na gfalle bischt, des war ja dann aber au glenkt! Natürlich. Was sonst? Du bist ein Gelenkter! Wir werden alle gelenkt. Jeden Moment. In allem was wir tun und unterlassen. Jedoch, wer das VERSTEHT, wird anders reagieren als der Idiot, der nur den gelenkten Mensch sieht und dabei meint, er sei der Lenker.

Mann oh Mann, wie oft im Leben war ich ein Idiot! Nicht wegen eines schwachen IQ. Nein, wegen der Unmöglichkeit im Moment eines unvorteilhaften Geschehens nicht im Regen zu stehen. Besser: im Nebel, so dicht, dass du die eigene Hand nicht vor Augen siehst.

Nebel steht hier für äußere Umstände. Du wurdest nicht liebevoll behandelt, gemieden, zurechtgewiesen, verachtet, oder, was manchmal noch schlimmer ist: belächelt! Und schon ist es vorbei mit der inneren Ruhe. Und je nach Disposition beschuldigst du dich oder andere. Wie konnte ich nur? Wie konnte er/sie nur?

Dabei tut doch niemand etwas!

---

[10] **Heraklit von Ephesos** (griechisch Ἡράκλειτος ὁ Ἐφέσιος *Herákleitos ho Ephésos** um 520 v. Chr.; † um 460 v. Chr.) war ein vorsokratischer Philosoph aus Ephesos. (Wikipedia)

[11] **Schwäbisch** für Schlaumeier, Schlitzohr, listiger Mensch

Josef Ratzinger trat nicht zurück. Er wurde zurückgezogen. Damit hat der gar nichts zu tun. Man glaubt nur daran. Ach wie kann der oder die nur so und so reagieren? Also natürlich, so redet man schon mal über das Verhalten eines Menschen. Die Frage dabei ist nur: Ist das deine Sichtweise? Dass Menschen tatsächlich handeln? Dass sie die Handelnden sind? Das wäre fatal, weil es die Quelle allen Verdrusses ist.

Wo soll er denn herkommen, wenn nicht von dort? Wie solltest du in Unruhe oder gar Turbulenzen geraten, wenn dir klar ist, dass die Entscheidung deines Bankers, dir den Kredit nicht zu geben, den du glaubst dringend zu brauchen, mit ihm so viel wie gar nichts zu tun hat?

Gestern teilte mir meine Werkstatt mit, mein PKW sei nicht umzurüsten. Und so könne er auch keine grüne Umweltplakette erhalten. Es reiche nur für eine gelbe. Das bedeutet praktisch: Ich kann das Auto wohl bald verschrotten, wenn ich nicht in Kauf nehmen will, 40 Euro zu bezahlen und 1 Punkt in Flensburg zu kassieren, wann immer mich die Bullen anhalten. Außer ich sag mir: Leckt mich doch alle am Arsch! Und so tönt es natürlich in mir. Wer mich kennt, weiß das. Denn die sogenannte Feinstaubverordnung zum Wohle der grünen Lunge hat nur zwei Nutznießer: Die staatlichen Kassen und die Autohersteller.

So und jetzt haben wir ein schönes praktisches Beispiel dafür, wie das gemeint ist, was uns der gute Heraklit vor 2500 Jahren ans Herz gelegt hat. Wenn ich nichts weiter sehe als jene Menschen, die für absurde Gesetze verantwortlich sind, bin ich selbst der größte Idiot. Das wäre zwar nicht weiter schlimm, erstens deshalb, weil ich mich ja weltweit in bester Gesellschaft befände, zweitens deshalb, weil es mir bestimmt wäre. ☺ Andererseits wäre es jammerschade. Denn ich riebe mich an einer Illusion auf. Die Menschen tun nämlich nur was sie tun müssen. Sie lenken nicht die Geschicke Europas, sie werden gelenkt!

Kannst du das sehen?

Wenn mir einer sagt, er sei erwacht und sähe, dass das Leben ein Traum sei und kurze Zeit später beklagt, wie ungerecht ihn seine Partnerin behandelt, und das er ihr unmöglich verzeihen kann, wie sehr er ihr auch verzeihen wolle, dass sie mit seinem besten Freund im Bett war, kann er sich mit seinem Erwachen den Hintern abwischen! Denn genauso viel ist es wert!

Fürs praktische Leben ist es unerheblich die Welt als virtuell zu durchschauen. Es ist wahrlich ein Luxus, den niemand braucht. Freilich kannst du ihm nicht verwehren zu dir zu gelangen. Brauchen aber tust du ihn nicht. Klar zu sehen jedoch, dass wir nicht die Lenker sind, sondern gelenkt werden, hat ganz erhebliche Auswirkungen auf unser Verhalten und unseren inneren Zustand.

Kürzlich hielt jemand ein Versprechen nicht ein. Also mich macht so etwas wütend. Ich weiß nicht wie es dir geht. Vielleicht hast du ja selbst für den Teufel Verständnis. Ich bin so nicht gestrickt. Ich hab ihn angerufen und ihm meine Betroffenheit geschildert. Das war's dann aber auch.

Missverstanden hättest du das Lenkungsprinzip, wenn du glauben würdest, Wehrhaftigkeit sei dabei ausgeschlossen. Wieso nur? Wenn ich eine Absage erhalte, obgleich ich eine Zusage erwarten kann, interveniere ich in der Regel. Ich versuche alles in meiner Macht stehende, um das Ding zu meinem Vorteil zu drehen. Ich bin kein Fatalist! Ich weiß lediglich bei all meinen Interventionen, dass sie scheitern werden, wenn sie scheitern müssen und nur dann glücken können, wenn sie glücken sollen. Aus diesem Grund bin ich nie unter Druck, wenn ich interveniere. Und ich übe auch keinen Druck aus.

Das war früher ganz anders. Als ich noch glaubte, ich könne und müsse mein Lebensschiff und auch noch das anderer steuern. Heute höre ich genau hin und spüre zumeist, wo das Schiff hinfahren möchte.

Kürzlich schilderte ich jemandem ein Anliegen. Nachdem ich die E-Mail weggeschickt hatte, beschlich mich der Eindruck: Das wird nix. Da kommt eine Absage. Und tatsächlich, es war so. Einen Tag später schilderte ich jemand anders das gleiche Anliegen. Und hatte wenig später den Eindruck: Das könnte klappen. Und tatsächlich, es klappte.

Was ich mit diesen praktischen Beispielen sagen will, ist: Obgleich ich klar sehe, *wie überall alles gelenkt wird,* tappe ich nicht in die Falle des Fatalismus, der dem Himmel alles überlässt. Aber ebenso wenig lasse ich mich vor den Karren der fatalen Vorstellung spannen, dass ohne mein Eingreifen alles den Bach runtergeht.

Grandiose Rollenspiele

Seit ein paar Wochen – ich weiß nicht ob es mit den Frage/Antworten Texten zu tun hat – wird meine Erlebniswelt immer trüber – nichts kann mich wirklich begeistern – mein Job hat mir bis jetzt immer insofern Spaß gemacht, dass ich ihn einfach gemacht habe, ohne groß darüber nachzudenken – mittlerweile kommt mir das alles so sinnlos vor. Was es ja auch ist. Ich kann die Wichtigtuerei der Geschäftsleitung und der Führungskräfte und all derer, die sich so unglaublich wichtig und ernst nehmen manchmal kaum ertragen. Aber irgendwo muss die Kohle ja herkommen. Aus der lustigen, immer fröhlichen und gut gelaunten Mitarbeiterin wurde eine trübe Tasse (das ist zu mindestens mein Empfinden)

Ich kann gar nicht mal sagen dass es mir schlecht ginge – mir geht's irgendwie überhaupt nicht. Das fällt mir immer dann auf, wenn mich jemand danach fragt wie es mir geht. Was soll man auf die Frage auch antworten? Es fühlt sich alles so neutral an – so gleich-gültig und doch ist da dieses Empfinden, dass es so doch nicht sein sollte. Aber wie soll's denn anders sein können, wenn's doch schon so ist wie es ist. Geht ja gar nicht. Ach Werner, ich weiß nicht mal wieso ich Dir das schreibe, ich hab nicht mal eine Frage. Aber so weißt DU wenigstens wie's mir geht. Sonst versteht das ja eh keine Sau. Schön, dass ich das mal loswerden konnte.

Zustände kommen und gehen. Das ist normal. Wenn du längere Zeit in einer Firma arbeitest und nicht durchdrungen bist von Beamtenmentalität, geht dir der immer gleiche Betrieb freilich irgendwann auf den Zeiger.

Das Universum ist total ökonomisch. Nicht nur, dass nichts in ihm verloren geht ($E=mc^2$[12]), nein, es gibt einfach überhaupt nichts, das zwecklos oder nicht sinnvoll wäre. Es genügt völlig, dass das Univer-

---

[12] Die Äquivalenz von Masse und Energie

sum an sich keinen Sinn hat. Es ist im Grund genommen vollkommen überflüssig. Wer braucht schon das Universum? Obwohl es nun aber vorhanden ist, ohne zu wissen warum und wie ihm geschieht, beweist es unfassbare Genialität. Allein die Schwerkraft. Denk einen Augenblick über sie nach. Wie faszinierend. Ohne Schwerkraft wäre Leben unmöglich. Das du 80 Kilo auf die Waage bringst, hat mit der Schwerkraft zu tun. Wäre sie anders justiert, würdest du gar nix wiegen. Oder das Doppelte und dreifache. Dann der Abstand der Sonne zur Erde. Ich kann da nur staunen. Nur lächerliche 80 Grad Temperaturunterschied rauf oder runter und Leben auf der Erde wäre undenkbar.

Ich sah kürzlich einen Film über Sibirien. Sie drehten an einem Ort mit einer Temperatur von minus 50 Grad. Wenn du da ausspuckst, wird die Spucke zu Eis in der Luft. Na ja, vielleicht hab ich etwas übertrieben, aber du weißt schon worauf ich hinaus will. Du siehst sie überall, diese grandiose Weisheit, die nix zu tun hat mit diesen Weihnachtsmännern im Vatikan. Lass mich dir eine große Sünde gestehen: Ich sah gestern heimlich die letzte Messe des Papstes im Petersdom. Du, ich hab mich wirklich ganz ehrlich bemüht, irgendwo ein klitzekleines Fitzelchen Leben zu finden, es war mir nicht gegönnt. Leichen, die in eigenartige Gewänder gehüllt aus unerfindlichen Gründen den Eindruck erwecken, als wären sie am Leben. Aber auch das, meine Freunde, an sich genial!

Wie bitte? Was?

Lass es mich erklären. Oder stell dir einfach folgende Fragen, dann kommst du selbst drauf: Wie zum Henker ist es nur möglich, dass so eine gequirlte Scheiße weltweit im Fernsehen übertragen wird? Was veranlasst 1,4 Milliarden Menschen, nicht spätestens mit 18 Jahren aus diesem Saftladen auszutreten, wenn sie als getaufte Katholiken gelten und ihn daher durch den Abzug der Kirchensteuer am Laufen halten? Wie kann es sein, dass man das Oberhaupt der katholischen Kirche, wie auch immer er heißt, denn das neue wird sich vom alten nur marginal unterscheiden, wie also ist es nur möglich, dass man ihn als „heiligen Vater" bezeichnet?

Wie kann man an diesem toten Ritual des Aschermittwoch und der Eucharistie nur irgendwas „Göttliches" finden? Darf ich die Antwort vorweg nehmen? Schleier, so dick wie die teuersten orientalische Teppiche müssen vor den inneren Augen der Menschen hängen, die diesen Unsinn, diesen totalen Schwachsinn als göttlich empfinden!

Moment, magst du intervenieren, ich dachte das Universum sei ökonomisch! Was soll daran denn ökonomisch sein? In diesem Fall insofern, als ihm trotz all dieser bombastischen Lügen über den Ursprung des Lebens und dem was er laut deren Meinung für die Menschen will, die Wahrheit niemals verloren geht! Es vermag Täuschungen aufzubauen, gegen die der Aufwand des bisher teuersten Hollywood-Films[13] geradezu lächerlich erscheint, ohne auch nur einen einzigen Augenblick lang zu vergessen, was Sache ist. Freilich nicht in jenen Komparsen, die den Vatikansaat zu bilden haben. Die zu diesen armseligen Rollenspielen verdonnert sind.

So betrachtet konnte ich gestern vor dem TV nur staunen. Welch ein Aufwand! Welch ein grandioses Täuschungsmanöver. Karneval in Rio ist Kleinkunst auf einer provinzialen Bühne gegen die letzte Messe des hinterwäldlerischen bayerischen Papstes im Petersdom!

Nun bin ich ein wenig abgeschweift, und befinde mich dennoch im Zentrum deiner *nicht gestellten* aber vermutlich gemeinten Frage: Wie kann ich bei meiner Arbeit wieder so fröhlich sein wie früher? Du könntest ebenso fragen: Wieso macht ficken mit meinem Partner nicht mehr so viel Spaß wie beim ersten Mal? Der Zahn der Zeit ist das. Und auch das ist total ökonomisch. Denn nur so brichst du immer wieder auf zu neuen Ufern. Wechselst die Arbeitsstelle. Oder den Partner. Oder den Wohnort.

Irgendwann aber, wenn du solche Neuufererfahrungen x-mal hinter dir hast, wirst du keine mehr anstreben, weil du erkennst, dass jedes neue Ufer schließlich alt erscheint. So läuft das eben. Neues wird alt. Weil es nur solange neu ist, wie es neu ist. Es würde ja nicht neu genannt werden können, wenn es nicht alt werden könnte. ☺

---

[13] Karibik 3 kostete 300 Millionen Dollar

Wenn das dann *ein für alle Mal geklärt* ist, passiert etwas anderes: Die Kollegen ändern sich nicht oder nur marginal, sie sind wie ehedem überheblich, eingebildet, vielleicht sogar auf plumpe Weise anzüglich. Aber irgendwie macht es dir nichts mehr aus. Im Gegenteil. Du findest sie grandios in ihren Rollenspielen. Und du kannst sie genießen, einfach nur aufgrund der „neuen" Sichtweise, mit der du sie betrachtest. Und diese Sichtweise kann sich jeden Tag erneuern. So dass sie immer wieder neu ist, auch wenn du die Welt schon x-mal mit ihr erlebt hast.

Pro forma, nicht de facto

Sehr geehrter Herr Ablass, Sie behaupten ja in einem Ihrer Talks, den ich auf einem YouTube Video verfolgen konnte, dass Sie nicht sind was erscheint, sondern worin Sie erscheinen und definieren das, worin Sie erscheinen als Gewahrsein. Wenn Sie das so sagen, stellt sich mir eindringlich die Frage, wie Sie im Alltag als Person leben! Wie geht das vonstatten, wenn man sich als Gewahrsein begreift?

So wie bei Ihnen! Auch Sie sind nur pro forma[14] eine Person, die agiert und reagiert. Sonst wäre Leben, zumindest wie wir es kennen, unmöglich.

Mir stellte sich lediglich irgendwann die Frage, ob ich wirklich denke. Und siehe da, die Antwort war ein klares Nein. Denn ich fand nur Gedanken, jedoch niemand, der sie, die Gedanken, auch denkt. Ich fand auch keinen Entscheider. Und ebenso auch keinen Täter. Nur Entscheidungen fand ich und ebenso lediglich Taten.

Ich nahm daher wahr, dass lediglich wahrgenommen wird, was gedacht, entschieden und getan wird. Was blieb mir nun anderes übrig, als zu konstatieren, dass ich Gewahrsein bzw. dass sein muss, was wahrnimmt. Verstehen Sie, mir blieb überhaupt nichts anderes übrig. Denn jede andere Schlussfolgerung wäre hirnrissig gewesen.

Anschließend ging das Leben weiter wie zuvor. Ich aß, trank, sprach, schwieg, lief, saß, schlief, arbeitete, las, schrieb, räumte auf, sah fern, spielte, fuhr mit dem Auto, der Bahn, dem Bus, flog, zog mich an, zog mich aus, sah, hörte, tastete, roch, schmeckte, atmete, kaufte ein, verkaufte, erfuhr Zuneigung und Abneigung, Sympathie und Antipathie, weinte, lachte, die ganze Klaviatur. Rauf und runter. Nichts von all dem, was zuvor erfahren wurde, war hernach prinzipiell anders. Und

---

[14] **Bedeutungen:** [1] der Form halber, um einer Regelung gerecht zu werden. [2] zum Schein.

selbstverständlich steht auf meiner Visitenkarte weiterhin Werner Ablass, nicht etwa „Gewahrsein"!

Im Vordergrund des alltäglichen Lebens steht weiterhin die Person. Pro forma jedoch. Weil das nun einmal so läuft. Ohne Form(a) hätte das, was wahrnimmt, nichts wahrzunehmen. Es wäre vollständig leer. Zwar potentiell fähig all das wahrzunehmen was religiöse Menschen als Schöpfung Gottes und Atheisten als Ergebnis der Evolution bezeichnen, aber total inaktiv bzw. passiv und somit vollständig leer. Welchen Grund sollte es jedoch geben, sich mit jener Leere zufrieden zu geben, wenn es die Möglichkeit zur Wahrnehmung gibt?

Sie mögen antworten, dass der Verbleib in der Leere all das Leiden verhindern würde, dass die Wahrnehmung einer Welt, wie wir sie erleben, offenbar mit sich bringt. Und ich müsste Ihnen ohne Wenn und Aber beipflichten. Ich gebe Ihnen jedoch zu bedenken, dass diese Möglichkeit nicht wahrgenommen wird. Und würde sie wahrgenommen werden (können), könnten wir nicht einmal wahrnehmen, dass die Möglichkeit dazu bestünde, weil ja nicht einmal wahrgenommen werden könnte, dass sie theoretisch bestünde. D'accord?

Um auf Ihre Frage zurück zu kommen: Es fällt mir nicht schwer im Alltag als Person zu agieren bzw. zu reagieren. Es ist vielmehr unvermeidlich! Wir sind lediglich an den Gedanken gewöhnt, morgens aufstehen und abends zu Bett gehen zu „müssen". Als gäbe es eine Alternative dazu! Gibt's aber tatsächlich eine? Es gibt nur den „Glauben": Ich denke, ich entscheide, ich handle. Insonderheit dann, wenn er noch nicht als Täuschung identifiziert worden ist.

Als ich noch ein Kind war, glaubte ich de facto an den Ausspruch: Die Sonne geht unter! Und da ich sie einmal direkt hinter einem Waldstück untergehen sah, rannte ich los, um sie dort zu finden. Ich unterlag jedoch einer optischen Täuschung. Denn wie wir alle wissen, zieht die Sonne nicht übers Firmament, es sieht nur so aus, weil die Erde sich dreht. Als ich am Ende des Waldstücks angekommen war, wurde mein Glaube natürlich enttäuscht. Denn wie Sie sicher vermuten werden, fand ich dort mitnichten die untergehende Sonne.

Noch immer sehe ich die Sonne hinter dem Wald untergehen. Und scheue mich auch nicht davor es so zu sagen: Schau nur, welch ein wundervoller Sonnenuntergang. Schlicht weil es romantischer klingt als der wissenschaftliche Fakt. Doch da ich nun weiß, was de facto passiert, gehe ich dem Eindruck nicht mehr auf den Leim.

Das Gleiche gilt für den beinahe übermächtigen Eindruck in eigener Regie agierender und reagierender Personen. Würden Sie untersuchen, ob Sie tatsächlich agieren und reagieren, kämen Sie zu gleichen Ergebnis wie ich: Sie tun dies nur pro Forma, jedoch nicht de facto.

Rolf erscheint Rolf?

Lieber Werner, ich bin in den letzten Jahren durch die Hölle gegangen und habe nichts als Scheiße gefressen. Ich will nicht in die Einzelheiten gehen, aber es war und ist teilweise immer noch ein Desaster. Und jetzt lese ich dein Buch ‚Abschied vom Ich' und denke: Wem ist das denn passiert? Das ist so absurd und doch so erleichternd, dass ich manchmal auf dem Misthaufen lache, wie ein Hahn, nur weit weniger stolz, weil ich den Mist selbst gebaut habe. Aber wenn das stimmt was du schreibst, bin ich ja nicht einmal verantwortlich dafür. Ich nähere mich der Wahrheit, aber immer wieder entsteht die Frage, ob ich nicht doch hätte verhindern können, was geschah, wenn ich mich an bestimmten Wegkreuzungen anders verhalten hätte. Wenn es kein Ich gibt sind diese Fragen natürlich müßig, aber sie hören nicht auf sich mir zu stellen und sie zermürben mich derart, dass ich mir – selbst Arzt – die Diagnose Burnout attestiere...

Wie solltest du dem Stress einer solchen Erfahrung gewachsen sein, solange du noch „Andere" siehst. Darf ich dir ein Geheimnis verraten? Da ich nicht abwarten kann, bis du Ja oder Nein sagst, tu ich's einfach:
Außer dir existiert nichts und niemand!
Natürlich wirst du intervenieren, um mich auf ungefähr 7 Milliarden Figuren hinzuweisen, die einschließlich deiner diesen Globus bewohnen. Nicht zu reden von all den Außerirdischen, deren Existenz wir zwar nicht beweisen, jedoch vermuten könnten, wenn wir die Fiktion lieben. Hinzu kommen all die Insekten und weitaus größeren Tiere. Dann die Tulpen aus Amsterdam, die Lilien aus dem Tale und nicht zu vergessen, das Vergissmeinnicht nahe dem Waldrand. Siehst du, kleines blaues Blümchen, wir vergessen selbst dich nicht!
Bist du jedoch – ich meine dich als die Person, als die du dich ausweist, wenn dich die Polizei anhält, weil du während des Fahrens telefoniert hast – bist du also jemals ohne das, was sie umgibt, erschienen? Bist du jemals morgens vom Schlaf aufgewacht und hast *einzig* die Person wahrgenommen, die auf den Namen Rolf reagiert. (Selbst wenn

ein anderer Rolf mit Rolf gerufen würde).

Du kannst dich als Person bereits beim Aufwachen – zumindest optisch – unmöglich abgrenzen. Unter dir ist die mit einem hellblauen Leintuch bezogene Matratze und du vermagst dich noch nicht einmal durch Konzentration einen Zentimeter über dieselbe erheben und schweben. Neben dir steht der Kleiderschrank, in dem du deine Hemden, Hosen, Jacken und auch deine Socken verwahrst, sollten dieselben nicht beim letzten Waschgang auf mysteriöse Weise verschwunden sein, wie mir das immer und immer wieder passiert. Über dir befindet sich vermutlich eine weiß gestrichene Decke und auch sie erscheint jeden Morgen erneut mit dir zusammen. Okay, deine Frau liegt nicht mehr neben dir im Bett, sie ist aus deinem Erlebniskosmos verschwunden und ist doch gegenwärtig, weil sie in deinen Gedanken erscheint. Und mit ihrem Erscheinen erscheint auch der Schmerz, der sich in deine Eingeweide bohrt, weil du ihr nicht verzeihen kannst, dass sie nun im Bett eines anderen Mannes vom Schlafe erwacht.

Letztere Erfahrung beweist übrigens, dass du dich nicht allein optisch, sondern auch mental und emotional nicht abzugrenzen vermagst. Wie sonst sollte es möglich sein, dass deine Noch-Frau in Gedanken erscheint und dir Herz-Schmerz zufügt?

Eine Frage dient der ultimativen Aufklärung: Wem erscheint dies alles? Klar kannst du sagen: Mir natürlich! Aber wer ist das? Wen meinst du, wenn du „mir" sagst? Du wirst antworten: Rolf! Ach wirklich? Erstaunlich? Wie könnte Rolf Rolf erscheinen? Und das nicht einmal vollständig. Niemals vollständig. Selbst wenn Rolf in einen Wandspiegel sieht, erblickt er nur die Vorderseite von Rolf. Und wenn er keinen Spiegel benutzt, ist er sozusagen kopfundhalsamputiert. Er „weiß" nur um seinen Kopf, weil er ihn bereits im Spiegel sah. Zu sehen jedoch vermag er ihn nur, wenn er ins Bad schlurft und wiederum hineinsieht.

Rolf erscheint Rolf! Wirklich? Warum vermag sich Rolf nicht auf Rolf zu beschränken? Warum erscheinen mit Rolf oder bestimmten Körperteilen von Rolf zusammen immer auch andere Objekte, die sich in seinem nächsten Umfeld befinden? Sowohl optisch als auch mental und emotional. Weshalb kann Rolf nicht einfach nur Rolf sein? Ohne all das Drumrum. Worauf verweist dieser Fakt? Was meinst du? Hinzu kommt, dass Rolf sich nicht dafür entschied zu erscheinen. Nichtwahr? Rolf hat schließlich Rolf nicht geboren. Das haben Papa und Mama beim Bocken verbockt. Und dass Rolf vom Kinde zum Manne wurde, das hat er doch auch nicht bewirkt. Oder täusche ich mich? Dass er ein superbegabter Schüler war und schließlich sogar den Doktortitel mit summa cum laude erwarb, ist das wirklich auf seinem Mist gewachsen? Und war der Mist, dessen er sich nun beschuldigt und der dazu führte, dass ihm das Weiblein entlief, wirklich sein Werk?

Diese Fragen gilt es zu stellen. Nicht die, ob und wie das Desaster vermeidbar gewesen wäre. Denn die vermögen nur eins: Den Misthaufen so hoch wie einen Wolkenkratzer erscheinen zu lassen. Und das obwohl gar kein Mist gebaut wurde!

Wem erscheint all das, was mit Rolf und durch Rolf und ohne Rolf täglich erscheint? Darf ich der Antwort vorgreifen? Wieder tu ich's, ohne deine abzuwarten.

Wobei es zuvor einer kleinen Erklärung bedarf: Wenn Rolf nur zusammen mit dem erscheint, was Rolf jeweils umgibt, wenn Rolf sich als Person nie vollständig wahrzunehmen vermag, wenn Rolf sich weder gezeugt noch geboren hat, weder zum erwachsenen Mann wurde, noch promovierte, scheint es doch zumindest nicht ausgeschlossen, dass das, was all das wahrnimmt, nicht das Wahrgenommene ist. Oder was sagt der superbegabte Doktor zu dieser Schlussfolgerung?

Wenn es so wäre, dann allerdings wäre das, was wahrnimmt, in allen Wesen das gleiche Gewahrsein oder Gewahrende. Denn es würde sich ja in seiner Fähigkeit *schlicht wahrzunehmen* nicht unterscheiden. Unterscheiden ließe sich nur das Wahrgenommene, nicht das, was das Wahrnehmende wahrnimmt. So dass nun geklärt ist, was ich meine, wenn ich behaupte, dass nur du existierst. Du als das was wahrnimmt natürlich. Du als das Eine in allem. Du ganz allein. Nicht in der Welt. Sondern die Welt beinhaltend.

Geladene Weidezäune hält man nicht fest!

Lieber Werner, ich möchte dir erst einmal danken, wie clever du dem Doktor bewiesen hast, wie wenig ihm seine Intelligenz nützt, wenn es um die größeren Zusammenhänge geht. Du bist ein Meister der Simplifizierung und ich verstehe, dass ich nur Gewahrsein sein kann. Das tat ich übrigens bereits während ich ‚Abschied vom Ich' las. Das Problem ist nur, dass ‚Rolf' immer noch so agiert wie zuvor. Als hätte er nicht gelesen, was du ihm beigebracht hast. Und auf magische Weise gelingt es ihm immer wieder sich aufzuführen wie der trotzige Junge, der er einmal war. Wenn ihm das gelingt, ist alles vergessen, was du so simpel dargestellt hast, dass es ein Kind versteht. Oft dauert es Stunden, bis die Erinnerung daran zurückkehrt, was oder wer ich wirklich bin und dann erst wird es relativ friedlich in mir und ich kann sogar manchmal darüber lachen, wie ‚Rolf' sich mit einem Rundumschlag Aufmerksamkeit verschafft. Ist der Grund für solche ‚Ausfälle' mangelnde Dekonditionierung?

Unvollendete würde ich sagen. Noch im Prozess befindliche sozusagen. Das allein verschafft Rolf eine Plattform oder die Bühne für seinen Auftritt, um sich ausagieren zu können! Schaut alle her wie übel mir mitgespielt wurde! Ich wurde betrogen und hintergangen! Aber letztlich bin ich selbst daran schuld! Hätte ich sie besser behandelt, wären mir ihre Interessen wichtiger als meine gewesen, hätte sie mich vielleicht nicht verlassen!

Auf welche Weise können solche inneren Dialoge unterbrochen werden, magst du dich fragen. Und ich antworte: Gar nicht! Wozu auch? Es ist gar nicht nötig. Sie verlieren jedoch ihre hypnotische Suggestivkraft, wenn sie sozusagen „beobachtet" werden. Und das geschieht immer dann, wenn das Beobachten „anspringt". Das hast du jedoch ebenso wenig unter Kontrolle wie jenen Rolf, der sich zermürbende Vorwürfe macht.

Wurde jedoch einmal erkannt, dass ich nicht bin was erscheint, sondern das, was die Erscheinung lediglich wahrnimmt, werden die Auftritte Rolfs immer kürzer. Denn die fiktionale Identifizierung mit Rolf wird immer schneller durchschaut.

Wenn du ein geübter Kinofilmgucker wirst, führen selbst Szenen, die dir die Tränen in die Augen treiben, nicht mehr zu jener *fiktionalen Identifizierung*, wie du sie zu Beginn erlebt hast. Du bleibst relativ unberührt, weil dir *unbewusst bewusst* bleibt, dass das, was sich da vorne auf der Leinwand abspielt, mit dir nur insofern zu tun hat, als es wahrgenommen wird. Selbst brutale Gewaltszenen werden dissoziiert[15] wahrgenommen. Ich hab so viel Übung darin, dass ich mir selbst Filme von Quentin Tarantino[16] mit einem hohen Maß an Gelassenheit ansehen kann. Schlicht deshalb, weil *unbewusst bewusst* bleibt, dass beispielsweise Blut, das wie eine meterhohe Fontäne aus einer Halsschlagader spritzt, virtueller Natur ist.

Freilich hinkt der Vergleich zum „realen Leben", weil wir in ihm nicht „nur" wahrnehmen, sondern selbst eine, wenn auch virtuelle Rolle, spielen. Du als Rolf, ich als Werner. Und insofern ist natürlich die Betroffenheit eine andere, wenn schlimme Dinge geschehen. Dennoch kann die „fiktionale" Identifizierung ebenso enden wie als Kinozuschauer. Die "funktionale" Identifizierung jedoch bleibt bestehen, weil ich mich anders als im Kino nicht „allein" als Zuschauer, sondern auch und gleichzeitig als Darsteller wahrnehme. Wenn daher im „realen Leben" einem Unglück begegnet wird, kann die Rolle, die du dabei spielst und zu spielen hast, nicht suspendiert werden. Rolf wird jetzt gebraucht und daher wird Rolf mit hoher Wahrscheinlichkeit helfend eingreifen und natürlich auch mit dem Opfer Mitgefühl haben.

Wenn Rolf jedoch ohne äußeren Anlass auf der Bühne erscheint und sich bittere Vorwürfe für ein längst abgehaktes Geschehen macht, ist

---

[15] **Dissoziieren, dissoziiert sein.** Gegenteil von assoziieren und assoziiert sein. Dissoziieren bedeutet: Abstand haben, nicht voll dabei sein, nicht zugehörig sein, innerlich Distanz halten, eine Meta-Position einnehmen.
[16] Kaum ein Regisseur hat das Kino in den letzten zwei Jahrzehnten so stark geprägt wie Quentin Tarantino. Der US-Regisseur beutete dabei so manches Kinogenre gnadenlos aus und schuf dennoch keine Neuaufgüsse sondern unverwechselbare Filmbilder, die sich tief ins kollektive Bewusstsein der globalen Populärkultur gebrannt haben. (Kurier.at)

das so unnötig wie ein Kropf. Denn diese Identifizierung ist fiktionaler Natur. Natürlich, solange es „erscheint", ist es ebenso wenig zu verhindern wie jedes andere Geschehen. Die Ursache ihres Erscheinens liegt jedoch allein darin begründet, dass das Gehirn die Vorstellung persönlicher Täterschaft noch nicht vollständig aufgab. Das zu erkennen ist wichtig, sonst arbeitest du auf der falschen Baustelle. Meditierst, achtest auf deinen Atem, versuchst still zu werden, zu akzeptieren, etc. Das sind durch die Bank Maßnahmen, die den Eindruck persönlicher Täterschaft nur verstärken.

Wird jedoch, während dessen Rolf auf der Bühne seinen Veitstanz aufführt, bewusst, was du bist, nämlich das, was Rolfs Veitstanz lediglich wahrnimmt, fällt er auf der Stelle tot um, ganz so, als hättest du den Stecker gezogen. Das muss man erleben, es ist schwer zu beschreiben.

Fiktionale Identifizierung erweckt Figuren zum Leben, die nicht die geringste Wirklichkeit haben. Und aus diesem Grund können sie nur dann verschwinden, wenn sie als Schimären demaskiert werden. Wie willst du fiktionale Figuren denn anders ausschalten? Ist doch sonnenklar, dass jeglicher Kampf die Fiktion lediglich in dem Glauben an ihre Wirklichkeit stärkt!

Das ist der Grund, weshalb Jiddu Krishnamurti sagte: *Die Angst ist verschwunden, wenn Sie ihr Ihre volle Aufmerksamkeit gewidmet haben.* Er hätte jedoch hinzufügen sollen, dass die Aufmerksamkeit bereits vorhanden ist. Gewahrsein IST aufmerksam. Es ist nie involviert. Es nimmt immer nur wahr was geschieht. Die „Person" kann ihre volle Aufmerksamkeit nicht auf die Angst (oder die Wut oder die Traurigkeit) richten. Daher können jene, die zu mir kommen und diesen Ausspruch Krishnamurtis zitieren, nichts mit ihm anfangen. Sie versuchten es und erlebten, dass die Angst dabei zunahm. Und das ist klar, denn es wäre genauso, als würdest du versuchen, den elektrischen Impulsen eines Weidezauns dadurch zu entgehen, indem du ihn, anstatt ihn rein zufällig zu berühren, nun „mit hoher Aufmerksamkeit" festhältst. Das funktioniert nicht. Du kannst die elektrischen Schläge nur dadurch vermeiden, indem du „Abstand" gewinnst. Und selbst diese Formulie-

rung trifft nicht den Punkt. Denn selbst der Abstand ist bereits vorhanden.
Gewahrsein IST auf Distanz. Es muss nicht auf Distanz „gehen".
Nur in der Erfahrung erscheint es dir so, als würdest du einen Schritt zurück machen. Dieser täuschende Eindruck entsteht jedoch nur, weil die fiktionale Identifizierung mit Rolf noch keine vollständige Lösung erfuhr. Sonst wäre wie bereits erwähnt *unbewusst bewusst,* dass Rolf nur erscheint. Gleichgültig welche wütenden, traurigen, zermürbenden oder selbstbemitleidenden inneren Dialoge er gerade wieder einmal führt. Natürlich ohne das ihm jemand Gehör schenkt. Weil außer dir (als Gewahrsein) nichts und niemand existiert.

Kafkaesque

Als Gregor Samsa eines Morgens aus unruhigen Träumen erwachte, fand er sich in seinem Bett zu einem ungeheuren Ungeziefer verwandelt.

Franz Kafka, Die Verwandlung

Die Metamorphose des Prokuristen Gregor Samsa zum Käfer wurde von Kafka selbst nicht als beängstigendes Geschehen entworfen. In einem Gespräch mit Gustav Janouch antwortete er angeblich auf dessen Vergleich mit der Devise ‚Zurück zur Natur': *Doch heute geht man weiter. Man sagt es nicht nur – man tut es. Man kehrt zum Tier zurück. Das ist viel einfacher als das menschliche Dasein.*
Die meisten Menschen sind, während sie Kafkas Verwandlung lesen, bedrückt. Und das ist durchaus verständlich. Denn das, was da geschieht, wird dem Protagonisten nicht gewollt. Es vollzieht sich, ohne dass der arme Samsa sich dagegen wehren könnte. Und genau das will mensch nicht. Er will seinen freien Willen gebrauchen. Und selbst sein Äußeres nach seiner Vorstellung gestalten. Die Schönheitschirurgen haben alle Hände voll zu tun. Und wenn du genügend Geld für die Werbung hast, kannst du mit einer Diät, die den Leuten verspricht, schnell und vor allem ganz leicht abzunehmen, ohne deine Essgewohnheiten groß ändern zu müssen, irre viel Kohle machen. Auch heute noch. Obgleich man aus Erfahrung weiß, dass keine Diät über einen längeren Zeitpunkt funktioniert. Die Zauberer haben ebenfalls Hochkonjunktur. Ich meine jene, die Glückseligkeit versprechen, innere Ruhe, Gesundheit, Reichtum, Erfolg oder gar die 7 Schritte zum Erwachen. Egal. Hauptsache, ich kann etwas tun! Kann mich verändern. Die Umstände verändern. Meine Gefühlswelt. Meine Partnerschaft. Meine Körperform. Was auch immer. Hauptsache *anders* sein können. Schöner, besser, leichter, reicher, gesünder, kraftvoller, überzeugender, weiser.

Und da ist dann einer, dem genau das Gegenteil passiert. Er „erwacht" zum Tier. Nicht zu Nietzsches Übermensch. Nicht zu Sri Aurobindos göttlichen Mensch. Nicht zu Oshos neuen Mensch. Nein, er befindet sich urplötzlich in der Schale eines Käfers.

Die Leute nennen die Romane Kafkas kafkaesk – und damit haben sie ein Etikett, um sich der Betroffenheit zu entziehen, die so eine Geschichte auslösen kann, wenn man sie nicht benennt, sondern auf sich wirken lässt.

Back to the roots, das bedeutet: Zurück zum Tier! Nicht zu Gott. Dieser Weg ist der eigentliche Irrweg. Er führt in die Perversion, er macht selbst aus Intellektuellen Deppen, Idioten, Narrenkappen. Ich begreife heute nicht mehr wie es mir möglich war, an einen blutrünstigen Gott zu glauben, in dessen „vergossenem Blut" mensch Heil und Erlösung finden soll. Das war auch nichts als eine Verwandlung in eine Art Mistkäfer, die dem 18jährigen Werner da widerfuhr. Ebenso wie jene, die anschließend folgten.

Schau dich an! Schau genau hin! Lass dich ein auf diese Untersuchung! Welche Gestaltungen sind mir bereits widerfahren? Hab ich mich wirklich „selbst" verändert? Oder sind sie mir durch die Bank „widerfahren"? Jedoch selbst das – ich meine die Untersuchung – ist nicht unter deiner Kontrolle. Sie kommt über dich oder nicht.

Viele finden das ebenso beängstigend wie den zitierten Roman Kafkas. Ich kann nichts tun, alles geschieht? Oh Gott, oh Gott, das kann doch nicht „wahr" sein! Wenigstens ein klein wenig Raum für eigene Entscheidungen werde ich doch wohl besitzen!

Aber selbst das, ich meine, diese Angst, diese Furcht, ist nicht unter deiner Kontrolle. Du liest Bücher, besuchst Seminare, um sie unter deine Kontrolle zu kriegen. Und natürlich – auch das „geschieht" nur. Du musst dann einfach einen Weg finden, um ihr zu entkommen. Bis zu dem Tag, an dem sie von dir abfällt wie ein Herbstblatt im Sturm.

Ich schreibe täglich diese Texte. Seit 2005. Und du liest sie womöglich schon jahrelang jeden Tag. So sieht es zumindest aus. Beides aber ist falsch. Es geschieht ebenso wie alles andere geschieht. Wenn ich ab morgen nicht mehr schreiben soll, hätte ich keine andere Wahl als es zu lassen. Selbst wenn du mich anflehen solltest weiterzumachen. Und umgekehrt ist natürlich genauso. Mehr als die Anzahl derer, die diese Texte lesen sollen, ja müssen, werde ich nicht versammeln können. Kann ich dir diese Einsicht etwa „verkaufen"? Kann ich sie dir schmackhaft machen? Kann ich deinen Appetit anregen? Mitnichten! *I am a dog barking*, sagte U.G. Krishnamurti. Und das YouTube-Video mit dem gleichnamigen Titel kann ich nur wärmstens empfehlen. Ich kenne keinen Talk mit einem „Guru", der authentischer wäre. Denn U.G. wurde zum Animal. Er war weder Gott noch das, was man unter einem kultivierten oder gar erleuchteten Menschen versteht. Und wenn du seine Biografie liest, erfährst du, dass er nichts gegen und nichts für das zu tun vermochte, was ihm widerfuhr. Daher betonte er auch immer und immer wieder, dass er nichts für die tun könne, die ihn besuchten.

Ich verfolge längst schon keinen Zweck mehr mit dem, was ich schreibe und was ich verkünde. Dennoch kann ich mich ihm nicht entziehen. Kann nicht schlussfolgern: *Na ja, wenn ich eh nichts bewirken kann, reise ich jetzt eben mal um den Globus und lebe von meinen Tantiemen!* No way out! Jeder Versuch dies zu tun – und es hat diese Versuche gegeben – ist bisher gescheitert. Ebenso wie Satyam Nadeen nicht anders konnte als den Dienst zu quittieren. Der hatte auch keine andere Wahl.

Nichts kannst du über zukünftige Entwicklungen und Verwandlungen sagen. Außer, dass sie vorbestimmt sind. Zu 100 Prozent. In jedem Detail. Es gibt ja eine Reihe von Lehrern, die dir empfehlen im Hier und Jetzt zu leben, anstatt für die Zukunft zu planen. Ich dagegen sage: Mach du nur deine Pläne! Es kommt ohnehin so wie es kommen soll. *Denn Leben ist das, was passiert, während du eifrig dabei bist, andere Pläne zu machen*, hat John Lennon gesagt. Recht hatte er. Und das, obgleich er kein spiritueller Lehrer war. Oder vielleicht gerade deswegen.

Vorlieben

Hi Werner, kommt nicht alles aus dem Nichts so wie die Texte, die ich täglich mit Genuss schnabuliere? Demnach müsste doch alles so reinhauen wie die Texte – jeden Tag von Neuem, ohne dass es mir jemals langweilig wird und jeder ist so nahrhaft und erbauend, als würde mich das, was durch sie transportiert wird, zum ersten Mal erfüllen. Jedoch berührt mich Nichts so wie das Nichts hinter Deinen Texten – ich schaue aus dem Fenster und beobachte einen Bagger der grad ein riesiges Loch in den Beton haut – auch Nichts, aber auch nichts spürbar davon... wie kommt's?

Nicht jeder mag Löcher im Beton! Und Bagger sind freilich auch nicht jedermanns Sache. Stell dir vor alle Menschen hätten die gleichen Vorlieben!

Du bist halt scharf auf die Texte. Ich übrigens auch. Klar, ich mag auch noch einige andere Dinge. Beispielsweise durch einen gut sortierten Spielzeugladen zu laufen, ohne etwas zu kaufen. ☺ Was mich aber ganz besonders zieht ist der Stoff in den Texten. Weil sie von Backstage kommen und auf Backstage verweisen. Und weil Backstage schon immer *meine große Leidenschaft* war.

Die meisten Menschen verstehen uns nicht. Schlicht deshalb, weil sie andere Vorlieben haben. Sie interessieren sich beispielsweise für Bagger. Und finden es „nur geil", wenn der Löcher in den Beton haut. Je größer sie sind, desto geiler! Die können stundenlang dabei zusehen. Würdest du ihnen aber einen meiner Texte vorlesen, würden sie die Stirn runzeln, wenn sie höflich wären und „Aufhören!" schreien, wenn sie authentisch reagieren würden.

Manche Leute reisen und tun nichts lieber als das. Sie sind ständig unterwegs. Planen ihre nächste Reiseroute schon während sie all die Sehenswürdigkeiten „abarbeiten", die sie während der letzten Reise planten. Und so sind eigentlich all ihre Reisen vorn Arsch. Sie könnten zuhause bleiben und sie ungestört von der Planung der nächsten im

Kopfe durchspielen. Es wäre kaum ein Unterschied zur erlebten Realität und sie würden dabei auch noch ordentlich sparen.

Andere überlegen andauernd, wie sie ihr Geld sicher anlegen. Bevor die Inflation kommt! Weil sie ja ganz sicher kommt! Schon bald, sagen sie seit gefühlten 100 Jahren. Das sei vorprogrammiert. Ich hatte mal einen im Coaching, der eigentlich kam, um über seine Anlagestrategie zu berichten und mich darüber hinaus auch von ihr zu überzeugen. Mir verblieb während der drei Stunden nicht mehr als etwa zwanzig Minuten Redezeit. Aber mir ist es egal, aus welchen Grund die Leute zu mir kommen, wenn sie mein Honorar bezahlen, das in so einem Fall allerdings eher eine Art Schmerzensgeld ist.

Ich find's eher schade, dass ich mich nicht mehr für das interessiere, was die meisten Leute über Gebühr beschäftigt. Kurz gesagt: all das da vorne!

Kennst du diese Gespräche, bei denen es im wahrsten Sinne des Wortes um nichts geht, aber um alles zu gehen scheint? Die Leute können sich über Dinge ereifern, die mir dermaßen am Arsch vorbeigehen, dass ich zu gähnen beginne. Obwohl, eigentlich tun sie das gar nicht, zumindest nicht mehr in den letzten Jahren. Da belustigen sie mich eher, wenn ich mal welche mitbekomme.

Na klar bin ich mir dessen bewusst, dass so eine Aussage arrogant klingt. Es ist jedoch lediglich meine Vorliebe für Backstage, die das, was im Vordergrund läuft, in meiner Wahrnehmung oftmals in den Hintergrund treten lässt.

Als ich noch zu glauben vermochte, dass Gott existiert und der Schöpfer Himmels und der Erden ist, verwirrte es mich oftmals sehr, wenn ich wahrnahm, mit welch profanen und nutzlosen Dingen seine Geschöpfe hauptsächlich beschäftigt sind. Insbesondere in der Zeit, in welcher ich glaubte, er habe seinen Plan mit der Welt und dem Menschen im Neuen Testament niedergelegt. Wieso interessierten sich nur so wenige dafür, was ihrem Schöpfer so sehr am Herzen lag?

Heute ist es mir ein Rätsel, weshalb meine damaligen Glaubensgenossen nicht ebenfalls endlich begreifen, was mir jetzt so klar wie klare Kloßbrühe ist: Gott ist eine Erfindung! Und zwar die absurdeste, nutzloseste und genau besehen sogar die perverseste unter allen anderen. Gott ist nicht nötig. Weder um die Welt zu erklären noch um zu überleben. Das ist ohne ihn sogar weitaus besser möglich.

Gleichzeitig aber sehe ich deutlich, dass sie, auch was ihren kurzsichtigen Glauben betrifft, überhaupt keine Wahl haben! Denn wir alle, natürlich auch meine Persona, sind Marionetten an Fäden, an denen allerdings niemand zieht. Das Spiel spielt sich ganz von allein. Es ist das eigentliche und auch das einzige Perpetuum Mobile[17]. Und es musste noch nicht einmal in Bewegung gebracht werden. Denn Bewegung ist seine (ewige) Natur.

Das Spiel spielt sich ganz von allein! Natürlich auch das mit dir. Sodass du dir eigentlich keine Gedanken darüber machen müsstest, weshalb dich meine Texte weitaus tiefer berühren als ein Bagger, der große Löcher in den Beton haut. Außer diese Gedanken können erscheinen. Dann hast du freilich keine andere Wahl als sie zu denken. Aber womöglich werden sie zum Rinnsal und verschwinden sogar irgendwann ganz, wenn du schließlich von der Wahrheit erfasst wirst, dass sich das Spiel genauso spielt, wie es sich jeweils spielt und gar nicht anders spielen kann, weil es sich sonst zweifelsfrei anders spielte. Es wäre dir zumindest zu wünschen, denn so spielt es sich einfach noch leichter.

---

[17] Ein **Perpetuum mobile** (lat. ‚sich ständig Bewegendes', Pl. *Perpetua mobilia*) ist eine hypothetische Konstruktion, die – einmal in Gang gesetzt – ewig in Bewegung bleibt. (Wikipedia)

MySpirit ist keine Allroundmedizin

Hi Werner, ich bin nicht nur scharf auf die Texte – ich bin süchtig nach ihnen. Ich will mal berichten wie es mir dabei geht.

JEDEN Morgen nachdem ich den PC hochgefahren habe, besuche ich erst mal Deine Seite – und das schon seit mindestens 6 Jahren – das geht vollautomatisch, wie Zähneputzen ist das – und wenn da kein neuer Text erschienen ist, dann wiederholt sich diese Prozedur im 10 Minutentakt, solange bis er dann ENDLICH erschienen ist. Wenn's dumm läuft bekomm ich meinen Stoff erst am Nachmittag, es gab schon Tage, da war gar nichts zu holen, da hatte der Dealer wohl frei.

So, und dann wird er verspeist und die Nährstoffe werden verarbeitet. Kaum ist der letzte Bissen geschluckt, stellt sich ein Gefühl von "ich will mehr davon" ein. Und so kommt es, dass sich das Ritual den ganzen Tag über durchzieht – könnte ja sein, dass noch was nachkommt, gab's ja auch schon mal, 2 Texte an einem Tag, zu allermeist bleibt es aber bei dem EINEN – das Lustigste finde ich, dass ich die komplette Adresse jedes Mal in der Adresszeile eingebe – gehört wohl zum Ritual dazu.

Ein klassisches Suchverhalten ist das – im Grunde nichts anderes als meine Abhängigkeit vom Nikotin – mit dem Unterschied, dass dieser Stoff hier rein und sehr gut verdaulich ist.

Meine Fresse ist das bekloppt, aber geht nicht anders!

Eieiei, ist das krass! Oder? Wie findest du das? Muss Elke auf Entzug? Muss sie entwöhnt werden? Wurde *MySpirit* zur Droge? Ist so ein Verhalten gesund oder krank? Sollte ich sie aus dem Abo nehmen? Für 4 oder 8 oder gar 12 Wochen? Um sie „clean" zu machen? Wurden die Texte zur spirituellen Krücke, die man ihr nach immerhin 6 Jahren endlich mal wegschlagen müsste?

All diese Fragen stellen sich mir überhaupt nicht! Denn was Elke als Sucht bezeichnet, ist die gleiche *Crazyness,* die ich aus eigener Erfahrung kenne. Denn ich schreibe die Texte ja ebenso unaufhörlich wie Elke sie liest. Und manchmal lese ich sie nicht nur, um sie auf Rechtschreib- oder Formulierungsfehler zu untersuchen. Ich brauch dann einfach auch mal den Stoff. ☺

Geist und Wort gehören untrennbar zusammen. Der Geist kann sich nicht anders äußern als durch das Wort. Ob geschrieben oder gesprochen ist Jacke wie Hose.

Und es gibt noch einen anderen Aspekt: Das Gehirn kann die ungeheuer vielen Eindrücke, denen es in der modernen Welt ausgesetzt ist, kaum noch verarbeiten. Zwar selektiert es wie verrückt, um dem Zustand der sogenannten Reizüberflutung vorzubeugen, doch die ist oft derart groß, dass es das einfach nicht schafft. Bei empfindlichen Menschen kann auch bereits eine geringere Belastung durch optische und akustische Reize ein Zuviel sein. Ist das individuelle Maß voll, kann das Gehirn die empfangenen Reize und Informationen nicht mehr richtig und sinnvoll verarbeiten. Sie können nicht mehr in eine Struktur gebracht werden. Ist dies ständig der Fall, bedeutet es für den Körper eine große Belastung, da er einer permanenten Überforderung ausgesetzt wird.

In all dem *was* erscheint, kommt das, *worin* alles erscheint, einfach zu kurz. Die Persona kann sich dem Stress nicht einfach entziehen, weil die Maßnahmen zur Existenzsicherung dies schlicht nicht erlauben. Daher wird nach Ausgleich verlangt. Nach Stärkung, nach Nahrung, man könnte freilich auch sagen, nach Stoff, nach spirituellem Genuss.

MySpirit ist DySpirit. Verzeih mir dieses Wortspiel, das kein Engländer verstehen wird. Nicht mal ein Deutscher. Aber Hauptsache du weißt, was gemeint ist. Ich bin wie schon öfter erwähnt nur der erste Leser. Die Bezeichnung *Dealer i*st daher amüsant, entspricht jedoch nicht den Fakten.

Was sich hier formuliert ist letztlich kein Text. Solange es in deiner Wahrnehmung nur ein Text ist, ist es nicht das, was es ist und sein kann. Der Text ist wie eine Kapsel, in der sich der „Wirkstoff" befindet. Du musst ihn zerkauen, um an ihn ranzukommen. Daher rate ich davon ab ihn zu lesen. Das wäre so als ob du den Beipackzettel eines

Medikaments studierst. Dann weißt du was drin ist, es fließt jedoch nicht durch deine Adern. Und bleibt daher wirkungslos.

Schluck's, dann zeigt's Wirkung! Es zieht dich rein in die Wirklichkeit dessen, was du in Wahrheit bist, was die Welt in Wahrheit ist. Es öffnet den Backstage-Bereich. Dort, wo eigentlich keiner hinkommt. Wo keiner hindarf.

Es führt dich vorbei an den Security-Leuten, und stellt sich dir einer in den Weg, wirst du ihn töten. Ja töten. Nicht nur überwältigen oder wegschieben. (Töte den Buddha, wenn du ihn triffst!)

Das kriegst du nicht hin aus eigener Kraft. Ausbrechen aus dem Gefängnis der „richtigen" Lehre. Ausbrechen aus dem Wust an Spiritualität, in dem du womöglich noch feststeckst. Ausbrechen aus dem anerzogenen Glauben an Gott.

In den Texten drin steckt die Droge. Ja, und sie ist stärker als die verschreibungspflichtige Substanz Methylphenidat, die lt. Wikipedia anregend und aufregend wirkt. Sie unterdrückt Müdigkeit und Hemmungen und steigert kurzfristig die körperliche Leistungsfähigkeit. Normalerweise bei körperlicher Überlastung auftretende Warnsignale wie Schmerz und Erschöpfungsgefühl werden vermindert. Vermarktet wird diese Droge unter dem Namen Ritalin. Sie soll die Leistungsfähigkeit steigern. Ich hab damit keine Erfahrung gemacht, nur darüber gelesen.

Drogen machen abhängig. Meine auch. Hast du davor Angst? Nun, dann steig' aus. Wenn du noch aussteigen kannst...

MySpirit macht abhängig, überhaupt keine Frage! Die Frage ist jedoch nicht **ob** du, sondern **wovon** du abhängig bist! Denn Freiheit ist nur ein Wort. Du wirst *immer* abhängig sein. Dein Körper von Nahrung, Wetterschutz, Gesundheit, ja in unserer Wirtschaftsordnung sogar vom Mammon! Deine Psyche von Zuneigung, Kommunikation, sozialen Kontakten, allerlei inneren und äußeren Aktivitäten. Bist du dir dessen bewusst?

MySpirit transportiert eine unsichtbare Substanz, die vor allem desillusioniert. Die dich also leer macht von all den illusionären Vorstellungen, die sich im Laufe des Lebens angesammelt- und jedes Gehirn konditioniert haben. So dass du schließlich von der *fiktionalen* Identifizierung, in die diese Vorstellungen führen, befreit bist. Das ist die einzige Freiheit, die mit dieser Substanz erlangt werden kann. Die Abhängigkeit von der *funktionalen* Identifizierung jedoch, die bleibt bestehen. Ohne sie wärst du nicht lebensfähig.

Da *Spirit* lediglich eine Ebene der Wahrnehmung ist, kannst du nicht nur und ausschließlich auf dieser leben. Die Körperebene kann ebenso wenig vernachlässigt werden wie die spirituelle, die mentale und emotionale. Sonst sind Mangelerscheinungen vorprogrammiert.

MySpirit ist keine Allroundmedizin. Sie reinigt das System lediglich von dem Virus fiktionaler Identifizierung. Die Erfahrung mit einiger meiner (auch langjährigen) Leser beweist jedoch, dass Dysfunktionen im Körpergeistorganismus nicht durch sie repariert werden. Eine Leserin nimmt seit einiger Zeit die geringste Dosis des Wirkstoffs CITALOPRAM tagsüber und MIRTAZAPIN abends (kein Schlafmittel) und ist seitdem ihre „irrationale" Angst und Traurigkeit los. Ich bin weit davon entfernt diesen Wirkstoff oder andere Wirkstoffe zu empfehlen, denn dies würde meine Kompetenz als Coach überschreiten. Ich bin jedoch mitnichten dagegen, wenn ein wie auch immer geartetes Leiden durch einen chemischen Wirkstoff vermindert werden- oder gar verschwinden kann. Ich schluckte in der Zeit meines Bandscheibenvorfalls täglich mehrmals Ibuprofen 800, um die nahezu unerträglichen Schmerzen zu lindern.

Wenn klar ist, dass du Gewahrsein bist, nicht was erscheint, machst du keinen Unterschied mehr zwischen deinem Körpergeistorganismus und dem, was ihm von außen zugeführt wird. Was natürlich nicht bedeutet, nicht mehr zu unterscheiden, was ihm förderlich und abträglich ist.

Ich fand es stets grotesk, wenn ich las, dass Oshos Erleuchtung in Zweifel gezogen wurde, nur weil er, ebenfalls wegen starker Schmerzen, Lachgas zu sich nahm.

„Dem Reinen ist alles rein", sagte der Apostel Paulus einmal und damit hatte er recht. Hätte er sich dran gehalten, wäre jedoch sein Ausspruch „Es ist dem Mensch gut, dass er kein Weib berühre", unmöglich gewesen. Obgleich wir natürlich nicht wissen, was ihn dazu veranlasste. Vielleicht zog ihn das weibliche Geschlecht einfach nicht an. Dieser genetische Defekt ist jedoch immerhin verantwortlich für den Zölibat der katholischen Kirche. Denn Petrus, den dieser, zumindest nach außen, so prüde Verein zum ersten Papst machte, war schließlich verheiratet.

Kein Grund außer dem Urgrund

Werner, ich bin jetzt mit allen Videos durch, die ich im auf YouTube und Jetzt-TV finden konnte und bin seit drei Wochen im Abo, habe alle Texte gelesen. Ich bin beeindruckt, dennoch stellt sich mir noch eine Frage: Wenn du davor und danach vergleichst, was hat sich in deiner Wahrnehmung am stärksten verändert oder anders gefragt, was ist „total" anders als vorher?

Ich frage mich weshalb du mich das fragst! Wie ist es möglich, dass sich dir diese Frage nach all den Videos und Texten überhaupt noch zu stellen vermag?

Jedoch ist mit diesen Fragen auch schon die Antwort vorhanden: Weil es so und nicht anders sein kann! Weil diese Frage gestellt werden muss! Von wem spielt übrigens nicht die geringste Rolle! Es gibt für nichts einen Grund außer dem Urgrund. Und aus ihm strömt all das, was erlebt wird.

Und ja, das ist gleichzeitig auch schon die Antwort auf deine Frage! *Das* hat mein Leben am meisten verändert. Diese Klarheit. Diese Gewissheit. Diese Sicht.

Heute ist Luxustag. 12 waren angemeldet, heute Morgen erhielt ich die 5te Absage. Die meisten kamen in den letzten 3 Tagen. Ich versteh erstens nicht, weshalb statt 12 Anmeldungen nicht mindestens 1000 kommen. Ich versteh zweitens nicht, weshalb von den 12 fünf absagen. Nach meinem Ermessen müsste man mir die Bude einrennen.

Ein langjähriger Leser, der diesen Dienst liebt, leidet noch immer. Obgleich verstanden wurde, dass der Täter Illusion ist. Obgleich klar ist, dass niemand etwas tut. Keine Spur des irreversiblen Friedens, der das Ergebnis dieser Klarheit sein müsste.

Mein Gott, wo sollte ich anfangen und wo denn nur aufhören? Es gibt so unendlich viele Dinge, die ich nicht verstehe. Wie ist es beispielsweise möglich, dass der katholischen Kirche noch immer verhältnismäßig wenige Mitglieder weglaufen. Nach all dem was man über dieses korrupte System weiß. Selbst der Papst soll angeblich nicht aus gesundheitlichen Gründen zurückgetreten sein, sondern deshalb: *Die Kardinäle hätten dem Pontifex mit ihren Informationen „ein genaues Bild des Schadens und der faulen Fische" im Vatikan gegeben, so der Zeitungsbericht. Darin gehe es um „unsaubere Einflüsse" auf Mitglieder der Kurie und um ein übergreifendes, durch „sexuelle Ausrichtung" verbundenes Netz von Lobbyisten mit Finanzinteressen. Der Bericht sei explizit und spreche von Verstößen gegen mehrere christliche Gebote. Mit diesen Papieren auf seinem Schreibtisch habe Benedikt eine Woche vor Weihnachten seinen Rücktritt beschlossen.*[18]

Weshalb durchschauen die Moslems den Koran nicht als Relikt der Vergangenheit und entfliehen der Sklaverei seiner rigiden Gebote und Verbote? Weshalb haben die Amerikaner den Irak zerbombt und für die Hinrichtung Saddams gesorgt und überlassen Syrien seinem nicht minder üblen Machthaber? Wieso begreifen Politiker nicht, dass das bedingungslose Grundeinkommen nicht nur effizienter, sondern auch günstiger ist als das gegenwärtige teure System der Sozialleistungen und der Administration, die zur Organisation derselben nötig ist? Ich könnte die Liste beliebig verlängern.

Obgleich sich mir diese und viele andere Fragen stellen, muss ich keine Antwort erhalten. Warum? Sehr einfach: Weil ich sie bereits habe! Sie klingt supereinfach, ist jedoch der wahre und im Grunde einzige Grund meines inneren Friedens:

> So wie es ist, soll es sein.
> Muss es sein.
> Ist es perfekt.
> Und könnte überhaupt nicht perfekter sein.

Das will jedoch kaum jemand hören! Aber selbst das ist perfekt. Auch das könnte nicht perfekter sein. Und ich sage heute: Wenn dies verstanden würde, nur dies und sonst nichts von dem, was ich schreibe

---

[18] Focus-online

und sage, wäre das Ende der spirituellen Suche erreicht. Was sollte sich denn dann noch ändern müssen? Wohin solltest du denn noch kommen können? Welches spirituelle Ziel gäbe es denn noch zu erreichen? Welchen inneren Zustand solltest du noch anstreben sollen oder wollen? Wie töricht erschiene dir das! Wie unsinnig! Wie sinnlos! Wie unnütz!

Du würdest meine Texte nur noch lesen, weil sie dein Herz erfreuen. Weil du sie genießt. Weil du sie liebst. Aber nicht mehr, weil du dir durch sie irgendeine Veränderung erhoffst! Wozu auch? Alle, die kommen sollen, werden sich ohnehin zweifelsfrei ereignen. Ob du sie anstrebst oder zu vermeiden versuchst.

Um inneren Frieden zu erfahren, musst du nicht zwingend verstehen, dass die Welt nur im Gewahrsein erscheint. Du musst nicht einmal verstehen, dass der Täter Illusion ist. Du musst nicht begreifen, dass alles letztlich aus Liebe geschieht und dass es nichts gibt, was nicht Liebe ist. Du musst auch nicht verstehen, weshalb Dualität zwingend notwendig ist.

Nur eins ist dafür unabdingbar: Die Klarheit, dass jede Situation, selbst jene, für deren Erscheinen du nicht das geringste Verständnis aufbringen kannst, so wie sie erscheint, erscheinen muss. Dass es keine Möglichkeit gibt, sie anders erscheinen zu lassen, wie sie jeweils erscheinen. Und das Argument für diese Sichtweise ist unschlagbar: Da keine andere Situation erscheint als die, die erscheint, gibt es zu ihr keine Alternative. Nur im Kopf, nicht in der Realität.

Das versteht doch eigentlich jedes Kind. Oder? Nein? Es ist dir nicht klar wie Klärchen? Na, dann kann's dafür doch nur einen Grund geben: So soll es sein. Das kann sich aber bereits in einer Stunde ändern. Wenn es so sein soll.

Sela!

Ich bin das Universum und aus Scheiße gemacht

Da hat mal einer beim Harakiri folgende Verse verfasst: „Was schlägt und was geschlagen wird, nachdem sie zu Grunde gegangen sind, kehren sie beide zum selben Dreck und zur selben Erde zurück." Beim Harakiri kommt diese Einsicht etwas zu spät. Soll heißen: Selbst bevor wir zur Grund gehen, sind wir derselbe Dreck, dieselbe Erde.

Kodo Sawaki

Wenn ich den Sawaki öfter mal fürs Anfangszitat missbrauche, dann nur, weil ich da[19] kurz rein blättern kann und immer ein knackiges Zitat finde. ZEN-Leute – freilich nicht alle, aber eine ganze Reihe, sind kernige Typen. Nicht solche Softies wie die meisten in der Satsang-Szene. Vom Dauergrinsen einen Krampf in der Lachmuskulatur, Worte sanft wie Schlagoberst, süßlich, ohne Inspruchnahme der Kauwerkzeuge essbar und dementsprechend nahrhaft!

Wenn du nicht weißt wie erhaben du bist, fehlt dir was. Wenn du nicht weißt was für ein beschissenes Arschloch du bist, fehlt dir auch was. Meistens triffst du Menschen an, die nur auf einer Seite gebacken wurden. Die andere ist purer Teig. Beißt du rein, wird dir schlecht.

Ein wahrer Mensch weiß, dass er das Universum ist. Ein wahrer Mensch weiß jedoch mit der gleichen Gewissheit, dass er Dreck ist. Das lässt ihn nie über sich hinaus wachsen. Überheblichkeit ist in solch einer Person ausgeschlossen.

Ebenso aber auch das, was man mangelnden Selbstwert nennt. *Ich bin die ärmste Sau auf der Welt!* Kann sich nicht denken, denn du weißt: Ich bin das Universum.

Ich bin das Universum und aus Scheiße gemacht. Wer mich respektlos behandelt, kann bleiben wo der Pfeffer wächst. Er hat zumindest in meinem Erlebniskosmos nix zu suchen. Und gleichzeitig merk ich 100 Kilometer gegen den Wind, wenn Respekt aufgesetzt ist. Es gab eine

---

[19] An Dich, Zen-Sprüche

Reihe von Leuten, die mich mal „mein geliebter Meister" nannten. Bisher entpuppten sich alle ohne Ausnahme als elende, schmierige Heuchler. Und einige versuchten mich sogar in die Pfanne zu hauen! Wie sie gern selbst genannt würden, haben sie lediglich auf mich projiziert. Solch eine Verhalten wird immer über kurz oder lang bloßgestellt.

Du magst sagen: Ich weiß nicht wie das möglich sein soll, mich als Mr. Universum und ein Stück Scheiße zu betrachten. Ist das nicht total widersprüchlich?

Aber ja doch! So widersprüchlich wie das Leben! Wer lebendig ist, ist widersprüchlich. Wer Extreme oder Widersprüche vereinen will, ist mausetot. Ein Minder[20] per excellence.

Widersprüche sind keine, wenn du lebendig bist. Einem Toten kann man nichts erklären. Lass die Toten ihre Toten begraben, sagte Jesus. Hierin folge ich ihm. Wer mich nicht versteht, dem muss ich nix erklären. Keine Erklärung wird einem Toten dabei helfen lebendig zu werden. Er ist und bleibt ein Bündel Gedanken. Da ist schlicht seine Bestimmung. Wen kümmert's?

Manch einer nennt mich radikal. Na ja. Ich bin eben lebendig. Und Leben ist radikal. Entweder du lebst oder bist tot. Es gibt keine Halbtoten. Und Halblebendige auch nicht. Zombies existieren nur in Horrorfilmen. Das einzige Genre, das ich nicht mag.

---

[20] Eine neue Wortschöpfung: Minder = minden = mind

Alles liebt!

Werner, ich möchte dir danken. Es war ein wundervoller Luxus-Tag, ein wundervolles Wochenende für mich, deine Leichtigkeit, dein unkonventionelles Umgehen mit unserer Essenz, dein authentisches Sein hat mich sehr berührt und es macht mit mir sehr viel. Wie du beschreibst, verliert man in deinen Seminaren anstatt zu gewinnen, und ich habe sehr viel Schwere und Ernsthaftigkeit verloren. Faszinierend, wie bereichernd die Beiträge eines jeden in der Gruppe sind und wie viele Themen, die sich in mir noch nicht mal als Fragen formuliert haben, nun einfach verschwunden sind.

Und ich möchte dir aus tiefstem Herzen für deine Texte danken. Ich hab ja erzählt, dass ich dich wirklich erst am Schluss zu lesen begonnen habe (es wollte in mir noch Wichtigkeit, Ernsthaftigkeit und Besonderheit erfahren werden) und dann, durch deine klare unverblümte Sprache fiel es mir wie Schuppen von den Augen: Kann es wirklich so einfach sein? Geht es nicht um spektakuläre Transformierung, sondern einfach nur darum, den Moment so sein zu lassen, wie er ist?

Hast du schon einmal gesehen, dass Schneeflocken lieben? Und auch die dürren Bäume, auf die sie fallen? Der Stabilostift auf dem Schreibtisch? Die Schere, der Taschenrechner, die Visitenkarte, der Drucker, das Smartphone? Die eitlen Schauspieler während der Oscar Verleihung? Der dogmatische Papst während seines letzten Angelusgebets, was auch immer das sein mag? Und zwar ebenso wie Sabine, deren Feedback ich an den Anfang setzte.

Alles liebt! Diese Formulierung gefällt mir. Weil sie so unpersönlich klingt. Und weil sie nichts ausnimmt. Auch das nicht, was uns alles andere als Liebe zu sein scheint.

Alles liebt. Das ist Fakt, auch wenn du sie nicht spürst.

Schmeckt und seht wie freundlich der Herr ist[21], sagte der Psalmist. Wäre es nicht angemessener zu sagen: *Fühlt, empfindet*, wie freundlich der Herr ist?

Nein, ist es nicht. Gefühle sind sehr unzuverlässig. Wenn du betrogen wirst oder geschlagen, wenn man dich enttäuscht, fühlst du Schmerz. Das ist unvermeidlich. Doch selbst im Schmerz kann man Liebe schmecken und sehen.

Liebe ist ein bestimmter Geschmack, ist ein Sehen, das nicht verloren geht, wenn das Schicksal zuschlägt.

Weil alles liebt.

Das alles liebt ist kein Glaube. Es ist ebenso Fakt wie die Feststellung: Die Sonne ist heiß.

Die Wahrnehmung mag eine andere sein. Wenn Wolken das Gestirn verdecken oder wenn es draußen 20 Grad unter null ist. Dann wärmt die Sonne nicht unseren Pelz. Das sie dennoch unfassbar heiß[22] ist, daran kann's jedoch nie einen Zweifel geben.

Hitler, Stalin, Ceausescus, Mussolini? Oh ja. Und wie! Alles liebt! Wenn du durchblickst. Wenn die Maske dich nicht mehr zu täuschen vermag.

Alles trägt eine Maske. Selbst die Lilie im Tal! Selbst Erich Kästners Lerche im Kamin! Selbst das schnurrende Schmusekätzchen auf dem Sofa! Selbst der treue, dir die Hände leckende Hasso! Stell dir vor, sie wären tot. So etwa vier Wochen! Könnten sie dich dann noch entzücken?

Alles liebt. Es lebt nur, weil geliebt wird. Würde nicht geliebt werden, würde auch nicht gelebt. Sei sicher. Weil Leben ohne Liebe nicht nur undenkbar sondern auch un(er)lebbar wäre.

---

[21] Psalm 34:8
[22] Wissenschaftler sprechen von 15 Millionen Grad im Sonnenkern

Ob dich etwas entzückt oder bedrückt hat mit der Form zu tun, die erscheint. Liebe zu sehen, zu schmecken, bedingt den intrinsischen[23] Blick.

Nur Liebe vermag zu sehen, dass alles liebt.

Sofort ist die Welt eine andere. Der intrinsische Blick verwandelt sie in jene Welt, in der alles liebt.

Erwartest du ein Gefühl, kannst du nur enttäuscht werden. Weil Gefühle kommen und gehen. Das lebendige Kätzchen auf dem Sofa sorgt für Entzücken. Das tote für Trauer. Das verwesende, stinkende nach 4 Wochen für Abscheu.

Alles liebt. Das kann nur gesehen werden. Mit dem intrinsischen Blick. Der schon da ist. Du musst ihn nicht etwa trainieren. Wenn du dieses Ansinnen hättest, würde er sich vor dir verbergen.

Raus aus der Gefühlsduselei!

Rein ins Sehen. Ins Schmecken. Jetzt. Hier. Nicht nachher. Wenn du Zeit hast. Und Muße. Wenn du das Schreckliche, das Bekloppte, das Langweilige, das Widerwärtige, das Absurde nicht mehr gewahrst.

Alles liebt!

---

[23] **Intrinsisch** (lat. *intrinsecus*, „inwendig", „innerlich" oder „hineinwärts", „nach der inneren Seite hin") bedeutet ursprünglich „innerlich" oder „nach innen gewendet (Wikipedia)

Der intrinsische Blick

"Alles liebt" ist ein geiler Text, lieber Werner! Er hat gleich meine Stimmung gehoben. Aber wie bewahrt man sich den "intrinsischen" Blick? Geht gar nicht, oder?

Was du bewahren willst, so verständlich es ist, läuft dir auf und davon. Egal worum es sich handelt: Partner, Geld, Job, Glückseligkeit, Stille, Transformation auf die Meisterebene. Und natürlich auch der intrinsische Blick.

Für dieses Prinzip gibt's eine schöne Allegorie in der Bibel: Auf die Kinder Israels regnete es jeden Tag neu Manna in der Wüste[24]. Weils von oben kam, nannten sie's Himmelsbrot. Jeder durfte so viel aufsammeln, wie er für sich und seine Familie benötigte. Einige sammelten jedoch mehr als sie während eines Tages verspeisen konnten. Sie wollten sich einen Vorrat anlegen. Als sie am nächsten Morgen davon essen wollten, fanden sich Würmer darin und zudem stank es bestialisch.

Deshalb gibt's an jedem Tag einen frischen Text. Die alten nährten dich und natürlich kannst du sie speichern und irgendwann wieder mal lesen. Aber sie verlieren an Frische. Du kannst sie im Ordner-, aber nicht im Geist aufbewahren. Dort werden sie ebenso zu stinken beginnen wie das Manna der Juden.

Ebenso ist es mit dem intrinsischen Blick! Obgleich er objektiv betrachtet immer da ist, immer frisch, immer neu, kannst du subjektiv nicht an der gestrigen Erfahrung des intrinsischen Blicks festhalten: *Mann, wie klar war mein Blick!* Wie kam er zustande? Welche Voraussetzungen waren nötig? *Ich will ihn wieder haben! Genauso!*

No Chance. So läuft das einfach nicht.

Womöglich erinnerst du dich noch an die Zeit der ersten Liebe mit deinem Partner. Vor gefühlten 150 Jahren. ☺ So wie damals wird's nie mehr werden. Und wenn du es versuchst – ihr geht zusammen essen,

---

[24] 2. Mose 16, 4-20

vielleicht sogar im dem Lokal, in dem das erste Rendezvous stattfand, wieder stehen Kerzen auf dem Tisch, wie damals 10 rote Rosen, der gleiche Song ertönt, extra bestellt, die gleiche Sorte Wein ist entkorkt – hast du nicht schon erlebt, dass du anschließend enttäuschter warst als zuvor? Weil du die Stimmung, an die du dich erinnerst, einfach nicht mehr zu wiederholen vermagst. Leben ist jungfräulich, neu, frisch, originell. Und das gilt auch für den intrinsischen Blick.

Alles liebt.

Das ist w-a-h-r.

Es ist keine E-r-f-a-h-r-u-n-g.

Und nur weil es wahr ist, kannst du es erfahren. So rum wird ein Schuh draus. Du aber zäumst das Pferd von hinten auf. So wird das nie was.

Dein Gehirn hat die Wahrheit verlernt. Kinder wissen, dass alles liebt. Sie werden es nicht aufsagen können wie die Glocke von Friedrich Schiller. Ist auch gar nicht nötig. Ein unverdorbenes Gehirn kann gar nichts anderes realisieren. Dann aber kommen die Erwachsenen ins Leben der Unverdorbenheit und verunreinigen die Gehirne der Kleinen. Das ist der Lauf der Dinge. Denk nicht du könntest das durch besonders behutsame Erziehung vermeiden.

Mein erstes Buch „Leide nicht – liebe" führt lediglich zu einem Update. Denn was machst du, wenn du dich liebst, egal was du denkst, egal was du tust? Du bestätigst die Wahrheit, dass alles liebt! Auch wenn's dir nicht bewusst ist, nichts anderes tust du. Und schließlich ist der Download abgeschlossen und alle Viren beseitigt. Dein Gehirn funktioniert wieder so wie als Kleinkind. Nicht hinsichtlich deiner Bildung freilich. Jedoch hinsichtlich der Unschuld.

Du verstehst noch nicht wie ich das meine? Schau, wenn du dich bei allem und jedem, was du früher als schlecht, ungehörig, falsch, entsetzlich, unmöglich, sündig, beschämend bezeichnet hast, genau dafür liebst, dass du es denkst oder tust, regeneriert sich dein Gehirn wie bei einer Frischzellenkur. Ist doch sonnenklar, wenn man weiß, wie das Gehirn funktioniert. Was führt denn zum sogenannten Burnout? Ich bezweifle, ob es wirklich diese Faktoren sind:

- Hohe Arbeitsbelastung
- schlechte Arbeitsbedingungen
- Zeitdruck oder zu großes Pensum in einem zu eng gesteckten Zeitrahmen, vor allem stoßweise
- schlechtes Betriebsklima
- wenig tragfähige Beziehungen zu den Mitarbeitern
- wachsende Verantwortung
- Nacht- und Schichtarbeit, vor allem dort, wo man sich nicht arbeitsphysiologischen Erkenntnissen anpassen will oder kann
- unzulängliche materielle Ausstattung des Arbeitsplatzes
- schlechte Kommunikation unter allen Beteiligten (Arbeitgeber, aber auch Mitarbeiter untereinander)
- zu geringe Unterstützung durch den Vorgesetzten
- wachsende Komplexität und Unüberschaubarkeit der Arbeitsabläufe und -zusammenhänge
- unzureichender Einfluss auf die Arbeitsorganisation
- Hierarchieprobleme
- Verwaltungszwänge
- Verordnungsflut (gestern neu, heute zurückgenommen, morgen modifiziert usw.)
- Termin- und Zeitnot
- unpersönliches, bedrückendes oder intrigenbelastetes Arbeitsklima, vom Mobbing mal ganz abgesehen
- ständige organisatorische Umstellungen, ohne die Betroffenen in Planung und Entscheidung einzubeziehen, bei Misserfolgen aber verantwortlich zu machen
- zunehmende, immer neue und vor allem rasch wechselnde Anforderungen
- wachsende Angst vor Arbeitsplatzverlust[25]

---

[25] Quelle: Deutsches Depressionsportal

Ich denke, es sind zum einen Selbstanklagen: Wie konnte ich nur? Wie war es möglich, dass ich das sagte, dachte, entschied, tat? Zum andern: Vorwurfsvolle Grundhaltung gegenüber andern: Wie konnte der nur so etwas sagen, entscheiden, tun?

Schau mal rein in die Unternehmen. Wie viel Zeit mit solchen destruktiven Unterhaltungen verbraten wird! Und wenn du in die Gehirne der Chefs und Mitarbeiter blicken könntest, würdest du ebenso viele innere Dialoge mit diesem Inhalt ablaufen sehen.

Die Gedanken werden sich zunächst weiterhin denken, schon rein aus Gewohnheit, aber nun kommt eine neue hinzu: Anstatt in Scham zu versinken, in Frust zu ersticken, in selbstauferlegter Pein zu verbrennen, bekennst du, dass du dich genau dafür liebst, dass sich dieser ganze Scheiß denkt. Du liebst dich sogar dafür, dass du dich dafür hasst, so zu denken. Und liebst dich selbst dafür, dass du dich gar nicht so lieben kannst, wie du dich eigentlich lieben willst oder meinst lieben zu müssen! Dieser stinkende, pestilenzialische, verwesende, faulige, abartige Gedankenmüll, der das unschuldige Kindergehirn zu einem schuldbeladenen (religiösem) Erwachsenengehirn entarten ließ, wird durch diese neue Gewohnheit, die es annimmt, um sich all des Schwachsinns, den es aufnahm, zu entledigen, verbrannt.

Und so ist das zu verstehen, dass ein Konzept das andere ersetzt, damit du dich am Ende, wenn es gewirkt hat, beider Konzepte entledigen kannst. Du wirst dich nicht dein Leben lang lieben für das was du denkst und tust. Gar nicht nötig. Denn ist das Gehirn wieder „blank" oder „normalisiert", ist es völlig klar darin, dass alles liebt.

Was denn sonst?

Erwachen zum Leben

In Gedanken sag ich dir bei jedem gelesenen Text DANKE, doch nun ist es mir ein Bedürfnis, das wieder mal aufs E-Mail zu bringen und dir zu sagen, wie dankbar ich bin! Du hast mich ins Leben zurückgebracht, ins stinknormale Leben, so wie es sich für mich nun abspielt! Wenn ich zurückdenke und mich in Brackenheim auf der Couch sitzen sehe.... vor bald 5 Jahren... Es war der Anfang vom Ende.

Ja und ja! Das sind die Mails, die ich liebe. Einfach. Klar. Kurz. Knackig. Und zum Punkt. Leben. Das Wertvollste. DIE Transformation überhaupt. Von der Formlosigkeit in die Form. Erwachen? Na gut, ich lass mich mal auf das Wort ein. (Für eine Textlänge) Denn nur richtig verwandt macht es überhaupt Sinn. Erwachen **zum Leben**. Da bin ich dabei.

Der Sinn des Lebens ist das Leben selbst[26]. Das klar zu sehen macht Sinn. Das ALLEIN. Einfach dazusein. Um zu essen, zu trinken, zu arbeiten, zu sprechen, zu schweigen, zu pissen, zu scheißen, zu ficken, den Rasen zu mähen, dem Nachbarn zu helfen. Und abends dann einen Film anzugucken. Beispielsweise ARGO. Den Oscar prämierten.

Natürlich – wenn du zuvor nicht suchst nach dem Sinn, macht der wahre Sinn keinen Sinn. Sag einem Normalbürger, dem es nicht gegeben ist, über den Sinn nachzudenken: Der Sinn des Lebens ist das Leben, so wird er vermutlich süffisant lächelnd antworten: *Ist ja ganz was Neues!* Bist du jedoch ein Sucher gewesen, vielleicht sogar ein Hardcore-Sucher, der, um zu finden, 25 Jahre lang suchte, 1001 spirituelle Bücher las, 50 Gurus besuchte und dafür 100.000.000 Flugkilometer hinter sich brachte, ist dieser Satz mehr als Gold wert.

Leben ist ebenso sinnvoll wie sinnlos, ebenso wertlos wie wertvoll. Schau dich nur um, du musst mir nicht glauben. Menschen sterben wie die Fliegen, teilweise unter Umständen, die wir nicht einmal ner Schmeißfliege wünschen, das beweist des Lebens Sinn- und Wertlo-

---

[26] Johann Wolfgang von Goethe

sigkeit. Nur ein Organismus unter unzählig anderen, die kommen und gehen. Und dann der rasende Herzschmerz, wenn ein geliebtes Lebewesen die Weltenbühne verlässt. Wie **wertvoll** es dir war! Wie **sinnvoll** es dir zu sein schien. Womöglich mehr als dein eigener KörperGeistOrganismus. Selbst jene, die an den Himmel nach dem Tod glauben, wollen nicht sterben. In der Mehrzahl zumindest. Warum? Weil das Überlebensprogramm dermaßen stark ist. Ohne zu leben hast du überhaupt nichts. Unabhängig von dem Glauben an ein Weiterleben nach dem Tod weiß das der Organismus. Und er verweist deutlicher auf die Wahrheit als alle spirituellen Lehren zusammen.

Die Pfaffen reden nur über nur über Keuschheit, der Körper kümmert sich nicht um deren dummes Geschwätz. Selbst dann nicht, wenn einer Kardinal wurde.

Der Rücktritt von Großbritanniens ranghöchstem Katholiken, Kardinal O'Brien, ist ein schwerer Schlag für die gesamte katholische Kirche. O'Brien galt als einer der stärksten Verteidiger der katholischen Werte. Auch Papst Benedikt XVI. hatte immer mit Zuneigung auf den Schotten geblickt. Drei immer noch amtierende und ein ehemaliger Priester hatten nach einem Bericht der britischen Sonntagszeitung "The Observer" schwere Anschuldigungen erhoben, die sie dem Vatikan mitgeteilt haben. Einer der Betroffenen gab an, der Kardinal habe mit ihm eine "unangemessene Beziehung" geführt. Er habe deswegen jahrelang psychotherapeutische Hilfe benötigt. [27]

Der Kardinal wie der Priester bräuchten nur eins: Desillusionierung! Erst mal um den ganzen Kirchenstuss los zu werden. Was natürlich das Ende seiner Karriere bedeuten würde. Über dem Kardinal gibt's schließlich nur noch zwei, den Papst und Gevatter Gott. Und danach sollte er mal eine ausgelassene Schwulenparty besuchen. Dabei müsste er sich keinem einzigen männlichen Arsch *unangemessen* nähern. Schwule stehn schließlich drauf, wenn man sich explizit mit diesem Körperteil befasst.

---

[27] Tagesschau.de. 27.2.2013

Erwachen zum Leben bedeutet: Den ganzen spirituellen Kram hinter sich lassen! Ich kenn keinen wirklich *zum Leben* Erwachten, der noch meditiert, um sich mit dem Göttlichen zu verbinden. Oder irgendeinen anderen spirituellen Firlefanz praktiziert. Wozu auch? Das tust du nur solange du Verbindung zum Göttlichen suchst. Wenn du aber weißt, dass sowohl Gott als auch das Göttliche Hirngespinste sind, ist freilich auch die Sehnsucht nach der Verbindung gestorben.

Ups, ein wenig einschränken muss ich meine Abneigung gegen Spiritualität. Ich zünde ab und zu ein Weihrauchstäbchen an. Und zwar sogar die von Satya Sai Baba. Zumindest steht's drauf. ☺

Damit du, der du mich vielleicht noch nicht so lange kennst wie die oben zitierte Feedbackerin, das alles nicht in den falschen Hals kriegst: Ich hab nix gegen Spiritualität! Aber es ist eben auch nur ein Spiel unter all den vielen Spielen, die auf diesem Globus gespielt werden. Gleichwertig mit Fußball, Schach, Body-Building, Malerei, Schriftstellerei, Tanz und der Modelleisenbahn.

Das Leben bringt all diese Spiele hervor. Und sie dienen dem Amüsement. Dem Genuss. Besser noch: Dem Zeitvertreib. Und zwar im wahrsten Sinne des Wortes…

Wirklich wertvoll und sinnvoll ist nur das Leben selbst. Das also, was die Körper vitalisiert, um überhaupt existieren zu können. Wird der Stecker gezogen, ist alles, was sich durch bzw. mit diesen Körper manifestiert hat, Geschichte. Und es spielt dann nicht mehr die geringste Rolle, wie über das Leben gedacht wurde. Spirituell, materiell, ideell, konventionell oder unkonventionell.

Bedenke, dass wir sterben müssen, auf das wir weise werden, sagte der Psalmist[28].

Weise wirst du, wenn dich die absolute Wahrheit erfasst. Und was ist die absolute Wahrheit? Sie ist so schlicht, dass sie der nach Erleuchtung Strebende glatt übersieht: Unsichtbarkeit nimmt Sichtbarkeit an, Formlosigkeit Form, Leere wird zur Fülle.

Warum?

---

[28] Psalm 90:12

Warum nicht?

Tja, und manche Menschen sind eben dazu verdonnert das Erleuchtungsspiel zu spielen. Sie sind deswegen nicht besser als alle andern. Nur anders. Ich wurde auf diese Weise viele Jahrzehnte gespielt. Die illusionäre oder virtuelle Natur der Welt wurde durchschaut. Und dass die Objektwelt nur im Gewahrsein erscheint. Das es zwar Taten gibt, jedoch keinen Täter. Was gleichbedeutend ist damit, dass es zwar ein Ego gibt, jedoch keinen, der es besitzt oder gar ist. Und last but not least, dass unbe-ding-te Liebe der Urgrund alles Seienden ist. Ganz am Ende aber der Suche blieb nur das übrig, was de facto erlebt wird: Das Leben selbst. So wie es ist. Nicht so wie es sein könnte oder sein sollte.

Der Philosoph Panglos sagt in dem Roman „Candide" von Voltaire, dass die Dinge nicht anders sein können als sie sind und das die Welt die beste aller möglichen Welten ist.

Dem ist nichts hinzuzufügen außer... Sela.

Was war zuerst da: Liebe oder Hass?

Ich finde das Konzept „Alles liebt" auch geil und wenn alles seinen normalen Gang geht, kann ich das auch mehr oder wenig erkennen. Nur wenn alles wieder mal drunter und drüber geht in meinem Leben oder wenn ich irgendwas abgrundtiefes Böses wahrnehme, denke ich nein, das kann doch nun wirklich nicht Liebe sein! Ist das anders bei dir? Hast du nie einen „Aussetzer"?

Ich sagte es schon. „Alles liebt" ist ein Fakt. So wie: Alles ist Energie! Das ist auch Fakt, selbst wenn du dir den Fuß an einem Stein stößt und somit ziemlich krass Masse wahrnimmst.

Alles ist in Bewegung. Ebenso Fakt. Klar, wenn du die Bewegung in allem wahrnehmen würdest, wäre Leben, zumindest so, wie wir es kennen, unmöglich. Dennoch stimmt's. Ohne den Tanz der Atome gäbe es keine Stabilität.

Alles liebt. Ebenso Fakt. Ohne Liebe gibt es kein Leben. Liebe ist immer in allem, auch wenn du Nicht-Liebe wahrnimmst.

Ich sah kürzlich den Film ARGO. Erhielt den Oscar als bester Film 2013. Und das ist der Inhalt: *Am 4. November 1979, also am Siedepunkt der iranischen Revolution stürmen militante Studenten die US-Botschaft in Teheran und nehmen 52 Amerikaner als Geiseln. Jedoch gelingt es sechs Amerikanern zu entkommen und sich in der kanadischen Botschaft zu verstecken. Doch auch dort schweben sie weiter in Lebensgefahr und es ist nur eine Frage der Zeit, bis die Geiselnehmer sie wiederfinden und töten. Doch der CIA-Befreiungsspezialist Tony Mendez (Ben Affleck) hat einen riskanten Plan, um seine sechs Landsleute nach Hause zu bringen. Sein Team will Dreharbeiten für einen fiktiven Film inszenieren und die versteckten Botschaftsmitarbeiter als Mitglieder der Filmcrew ausgeben. Im Rahmen des Produktiontrubels um den fiktiven Film "Argo" sollen die Geiseln unauffällig aus dem Land geschafft werden, ohne dass die iranische Regierung Verdacht schöpft.*

Der Hass militanter Moslems auf die Amerikaner wird in diesem Film dermaßen spürbar, dass man Gänsehaut kriegt. Die Angst der Flüchtigen überträgt sich, selbst wenn du dir sagst, dass es ja nur ein Film ist. Und natürlich könnte nun die Frage entstehen: Alles liebt? Stimmt das wirklich?

Freilich kannst du in den hasserfüllten Augen des Moslems keine Liebe wahrnehmen. Purer Hass schlägt dir da entgegen. Hass, der auch nicht Halt davor macht Menschen zu töten oder zu foltern.

Was war zuerst da: Liebe oder Hass? Stell dir diese Frage! Kann es Hass ohne Liebe überhaupt geben? Betrachten wir den Beginn menschlichen Lebens: Die Geburt. Wird ein Kind hasserfüllt geboren? Oder ist nicht jedes Baby liebe-voll? Was also war zuerst da: Liebe oder Hass?

Du brauchst doch nur einmal untersuchen, wie Hass in deiner eigenen Erfahrung entsteht. Angenommen du liest die Geschichte der nun erwachsenen Frau Natascha Kampusch, die mit zehn Jahren von einem entfernten Verwandten gekidnappt- und acht lange Jahre von ihm eingesperrt und missbraucht wurde. Ohne es zu initiieren spürst du Mitleid mit der jungen Frau und Hass auf den Verbrecher in dir aufwallen. Wie kommt es zu diesen Emotionen? Wo liegt ihr Ursprung? Woher kommt das Mitleid? Woher der Hass? Es sollte mich wundern, wenn du zu einer anderen Schlussfolgerung kommen könntest als ich. Es ist Liebe, die sowohl die Gefühle des Mitleids als auch jene des Hasses auflodern lässt. Liebe, die sich in ihrem Fließen blockiert fühlt, gerät entweder zum Mitleid oder zum Hass. Ohne Liebe gäbs beides nicht.

Eine andere Frage, die du dir stellen könntest, wäre: Weshalb möchte jedes Lebewesen Liebe empfangen und geben? Selbst ein gemeingefährlicher Verbrecher will Liebe empfangen und geben, nicht Hass. Nur die Wahl seiner Mittel kann man gerade nicht zielführend nennen.

Es ist ein sinnloses Unterfangen Liebe immer und überall *spüren* zu wollen. Das ist jedenfalls nicht was ich will und es ist auch nicht was ich lehre. Wenn du jedoch herausfinden solltest, dass alles liebt, unabhängig davon, ob gerade Liebe gefühlt oder erlebt wird, wirst du dir nicht mehr die Frage nach dem „Aussetzer" stellen. Denn du machst die Liebe nicht mehr an deinen Erfahrungen fest.

| Erfahrungen verändern sich ständig. Fakten nicht. |

Eins der größten Probleme spirituell Suchender liegt genau hierin. Sie wollen Liebe erfahren, erleben, spüren, am besten in sie hinein explodieren. Verständlich. Jedoch unwirksam. Schlimmer noch: Es bewirkt das Gegenteil dessen, was sie unbedingt wollen.

Siehst du jedoch durch Untersuchung klar: Jawohl, alles liebt, was denn sonst, wird sich deine Erfahrung drauf einstellen. Solange du aber die Liebe erleben willst, bevor du sehen kannst, dass alles liebt, wirst du höchstwahrscheinlich erfolglos Ausschau halten nach ihr!

Leben ist Selbstzweck

Hallo Werner,

vor zwei Wochen habe ich Jetzt-TV geklickt mit dem Anliegen wer von all denen kann mir helfen. Da Ablass ganz oben steht hat`s dahin geklickt. Bingo, Volltreffer. Inzwischen bin ich jede freie Minute dabei, Texte, Bücher zu lesen und Videos zu gucken von dir. Einfach super.

Keiner sagt`s so einfach, klar, deutlich und doch mit der versteckten überfließenden Liebe zu allem.

Ich bin auch 49 aufgetaucht, hab Murphy, Lorber, Seth, Maharaj, Ramana Maharshi, Balsekar.......... gelesen, nichts kapiert.

Zwei Ehen in den Sand gesetzt, lebe ich seit 90 als Single in Frieden und Freude mit allem als Gärtnerin.

10 Jahre dauerte es bis ich erkannte, dass Universelles Leben Urchristentum doch nicht meins ist.

10 Jahre dass der Unendliche Weg von Joel Goldsmith auch nichts bringt.

Mit Maharaj flogen dann alle Gottesanhaftungen.

So ohne alles graste ich dann rum. Mario Mantese, Karl Renz, Yod, Satyam Kathrein ... gelesen, geguckt, abgehakt.

So suchte ich zwar, lebte aber gleichzeitig total dumpf vor der Glotze und wartete aufs Ende der Tage.

Vor lauter Langeweile hab ich dann im September bei Jetzt-TV Johannes Premdas Brenner entdeckt und dann war ich wieder hellwach, Fernsehen geht seitdem gar nicht mehr. Er ist ein ganz lieber stiller Osteopath, inzwischen hab ich 3 "Behandlungen" und einige Satsangs besucht, Tränen geheult ohne zu wissen warum.

Wer`s aber mit dir nicht kapiert, ...

Du bist Spitze.

Zwei Gründe, weshalb ich dieses Feedback als Text nutze. Erstens: Mich hat gestern noch eine andere E-Mail erreicht. Da ging's um Deeksha. Und die Beantwortung der Fragen gestaltete sich kurz und simpel.

Es ist eine Seele in mein Leben getreten, die behauptet der Deeksha-Segen führe zum Erwachen. Ich bekam auch netterweise einen Segen. Hat sich schön an gefühlt. Eine erhebende Erfahrung, aber meiner Meinung nach eben eine Erfahrung.

Meine Antwort: Genau

Glaubst du, dass es ein Erwachenbeschleuniger sein kann, der die Ichillusion auflöst?

Meine Antwort: Nein!

Meine Erfahrung: Es passiert, oder eben nicht, da kann ein ICH nichts für tun. Und wenn es durch den Segen passiert, dann nicht darum, sondern trotzdem. Ich habe viele Anfragen, ob ich den Segen nicht geben möchte, um Nichtrealisierten zur Realisation zu verhelfen.

Meine Antwort: Man kanns freilich machen. Als Spiel. Einige spielen Fußball, andere Deeksha.

Wegen der Kürze der Antworten hab ich dann lieber den Kommentar oben verwendet. Und das bringt mich zu Grund Nummer zwei: Die Gärtnerin hat absolut recht. Unter all den vielen, die glauben etwas über Erleuchtung sagen zu müssen, zeichnet diesen Dienst aus, ich zitiere: *Keiner sagt`s so einfach, klar, deutlich und doch mit der versteckten überfließenden Liebe zu allem.*

Ich kann das so frei weg von der Leber sagen, weil ich mit diesem Dienst nichts zu tun habe. Ich als Persona. Ich diene als Messer und Gabel: Besteck um Nahrung portionieren und aufnehmen zu können.

Kürzlich wurde ich zu einem Kongress eingeladen. Forum Erleuchtung in Berlin. Wurde voriges Jahr zum ersten Mal veranstaltet. Ich sagte ab. Daraufhin erhielt ich einen freundlichen Brief und einen dicken Wälzer mit dem Titel: Erleuchtung. Alle sogenannten „aufgewachten" Lehrer, die voriges Jahr dabei waren, schreiben dort etwas über ihr „Aufwachen". Ich las kurz rein, hier und da, mein Geist suchte nach etwas Essbaren, fand aber nichts, woraufhin ich das Buch entsorgte.

Sicher klingt das arrogant. Ablass, wer meinst du eigentlich das du bist! Niemand natürlich, deshalb kann ich ja so offen und ehrlich über mich und andere reden! Ich hab keine Meinung zu mir oder anderen. Ich such lediglich nach Essbaren. Und wenn ich was finde, ist es mir schnurzpiepegal wie der Mensch heißt. Ablass oder Schnapplass. Yod oder Tod. Pre So rum oder Pre Andersrum. Balsekar oder Balthasar.

Mir fehlt's an Respekt? Meinem Guru hab ich sogar die Füße geküsst. Obwohl ich diese indische Tradition überhaupt nicht sympathisch fand. Ehre wem Ehre gebührt.

Mir geht das spirituelle Theater dermaßen auf den Senkel, dass ich am liebsten nirgendwo mehr hingehen würde, wo es um Erleuchtung geht oder um das Aufwachen. Aber einige Einladungen werden dennoch angenommen. Gegen meinen Willen sozusagen. Wenn du verstehst was ich meine…

Fast alle erzählen von ihrem spirituellen Erwachen in der Form, dass etwas hinzu kam. Das hat aber mit dem, worauf ich verweise, so viel zu tun wie eine Kuh mit dem Eierlegen. Es sind durch die Bank Gipfelerfahrungen. Daher reden die auch von Mustern, die noch abgebaut werden müssen oder dem „Ichen", das ab und zu noch erscheint.

Das Ego erscheint. Aber bitte, WER hat damit ein Problem? Muster erscheinen natürlich. Wiederum: WER hat damit ein Problem?

Verdammt noch eins: Ich bin was wahrnimmt. In dem „alles" erscheint. Und das bedeutet: Ich lebe in der besten aller Welten! Perfekter könnte sie gar nicht sein. Und das natürlich auch dann, wenn ich über sie fluche! Oder am liebsten eine Atombombe zünden würde, um den ganzen Schwachsinn, der täglich rund um den Globus passiert, in die Luft zu jagen.

Du musst dir mal vorstellen: Ein Tattergreis, der sein Leben lang ausschließlich Blödsinn erzählte, tritt zurück und Millionen von Menschen auf dem Globus sehen zu und einige weinen sogar. Die politische Elite unseres Landes versammelt sich in Berlin, um einen Dankgottesdienst für ihn zu feiern. Italien scheint ein Sammelbecken für Clowns zu sein. Wenn sie als solche auftreten würden, wär's ja kein Problem. Aber man nennt sie Stellvertreter Christi auf Erden oder Präsidentschaftskandidat.

Ich dachte du lebst in der besten aller Welten?!

Na klar doch! Eine bessere kann es nicht geben. Würde es sie aber geben, wär ich der erste Staatsbürger da. ☺

Erwachen zum Leben. Allein darum geht's. Und selbst das ist bereits geschehen! Von dem Punkt an, wenn es, das Leben, wahrgenommen wird. Leben ist Selbstzweck. Es dient keinem anderen Zweck als dazu-sein. Jedoch: Für nichts und für niemand.

Wir waren wie ein Häufchen Existierender, die sich selber im Weg standen, sich behinderten, wir hatten nicht den geringsten Grund, dazusein, weder die einen, noch die anderen, jeder Existierende, verwirrt, irgendwie unruhig, fühlte sich in Bezug auf die anderen zuviel. Zuviel: das war der einzige Bezug, den ich zwischen diesen Bäumen, diesen Gittern, diesen Kieseln herstellen konnte.

Der Ekel, Sartre

Wenn überhaupt, dann ist das Erleuchtung! Du kannst dem Leben freilich Bedeutung beimessen, du kannst glauben, die Dinge erfüllten einen übergeordneten Zweck. Und solange sich dir die wahre Natur aller Dinge nicht enthüllt, hast du gar keine andere Wahl, sonst wäre dein alltägliches Leben unlebbar. Enthüllt sie sich aber, siehst du klar und deutlich, dass das, was da ist, nur da ist, um sich selbst zu beweisen, dass es nicht da ist oder „zuviel" ist. Anders formuliert: Das, was nicht da ist, hat nur dann die Möglichkeit, sich als nicht vorhanden zu sehen, wenn etwas da ist, dass es jedoch schließlich als „zuviel" erkennt. Würde dieses Zuviel nicht erkannt werden können, wäre es schlicht „zu wenig", um sehen zu können, dass das, was da ist, nicht da ist.

Es gibt nur Dinge, weil es keine gibt!

Der Anfang alltagstauglicher Weisheit

Du hast in einem deiner letzten Texte geschrieben, dass du das Konzept der Realitätsgestaltung noch immer attraktiver findest als das der Vorherbestimmung. Ich tue das auch. Nun hab ich mir (listigerweise) gedacht, wenn ich weiterhin so tue, als gestalte ich meine Realität, kann das ja nur vorherbestimmt sein. Ganz so falsch kann ich doch mit diesem Gedanken nicht liegen, oder?

Du, ich find es auch attraktiver, zumindest ab und zu mal, wie ein Adler durch die Lüfte segeln zu können, anstatt wie jedes Lebewesen, dem keine Flügel wachsen, der Schwerkraft verhaftet zu sein. Dennoch springe ich nicht vom Burj Khalifa[29] in Dubai.

Grundsätzlich jedoch liegst du richtig. Es gibt nichts was anders sein könnte als so wie es ist. Nur in der Theorie lässt sich sagen: Das hätte man so und so machen können! Und wenn man es so und so gemacht hätte, wäre nicht so ein Bullshit entstanden. Obgleich man natürlich nicht weiß, welcher andere Bullshit entstanden wäre, hätte man Alternative 2, 3, 4 oder 18 gewählt. Außerdem ist es müßig darüber nachzudenken oder zu reden, außer man hat gerade keinen besseren Zeitvertreib. (Zeitvertreib ist übrigens und by the way ein wirklich treffendes Wort für unsere Beschäftigungen☺. Denk mal drüber nach...)

Warum ist es müßig? Erstens weil sich das, was geschehen ist, nicht dadurch ändert, dass man sich den Kopf zermartert, wieso man denn zum Teufel nicht klüger entschied! Wie konnte man denn nur an die Beteuerungen des Investmentbankers glauben, der eine Rendite von sagenhaften 120 Prozent versprach! Und jetzt hat man das, was für das Alter geplant war, verzockt.

Ich hatte mal so einen im Coaching. Der war völlig verzweifelt. Und zornig natürlich. Auf die, die ihn reinlegten, ebenso, wie auf sich selbst und seine Dummheit. Darüber hinaus war er im Clinch mit der damals noch lebenden Bärbel Mohr und ihrem Konzept der Universumsbestel-

---

[29] Zur Zeit mit 828 Metern das höchste Gebäude der Welt

lung, ohne das er womöglich der Argumentation des Bankers gar nicht gefolgt wäre, schimpfte er. Was sollte er nur tun? Wie sein Alter finanzieren? Die kleine Rente, die in zwei Jahren zur Auszahlung käme, würde doch hinten und vorne nicht reichen, verdammt noch einmal!

Freilich ist das bitter! Jedoch die Rückschau macht ja nichts besser. Im Gegenteil, sie zermürbt, frisst Energie ohne Ende, führt womöglich in die Depression.

Diese Energie steht dir zur Verfügung, wenn klar ist, wie die Dinge funktionieren. Ein Zahnrad greift in das andere und so wie sie ineinandergreifen ist das Ergebnis. Mit 100%iger Sicherheit könnte dir ein Seher sagen, was die nächsten 50 Jahre dir bringen. Ich rate jedoch davon ab, einen zu konsultieren. Schon weil die meisten Scharlatane sind. Vernünftiger ist es, einfach zu tun, was zu tun ist. Obgleich du nicht weißt, was dabei rauskommt. Und dich überraschen zu lassen, wie sich dein Leben gestaltet. Das ist übrigens die Normalität. Denn wenn es normal wäre, die Zukunft zu kennen, würden wir sie ja alle kennen!

Schau, jedes Entenküken weiß wie es der Mama in der Formation seiner Brüder und Schwestern nachschwimmen muss. Dazu braucht es keinen Kurs. Und auch keinen Seher, der ihm sagt, ob es und wann es das Ufer erreicht. Es folgt einfach seinem Instinkt. Wenn du klug bist, mach es genauso und hör endlich damit auf, etwas anderes sein zu wollen als das was du bist.

Früher wollte ich in die Zukunft sehen. Heute nicht mehr. Wozu? Was ist der Nutzen? Erstens kann ich nie sicher sein, ob es wie vorhergesehen kommt. Zweitens kommt es ohnehin so, wie es kommen soll. Drittens verpass ich das, was sich gerade abspielt. Und das kann zur Gewohnheit werden. Egal was du jeweils erreicht hast, bist du in Gedanken schon wieder beim nächsten. Und verpasst so das Spiel, das sich gerade jetzt spielt. Wobei Gedankenspiele zugegebenermaßen auch ihren Reiz haben.

Grundsätzlich hast du natürlich recht. Was immer du denkst oder tust ist genau das, was geschehen soll, sonst könnte es sich ja weder denken noch tun. Daher – solange es dir Spaß macht, deine Realität zu gestalten, nur zu. Es kann überhaupt nichts schief gehen dabei. Die Dinge werden jedoch nicht **wegen** sondern **trotz** deiner Aktivitäten so kommen, wie sie kommen müssen. Was natürlicherweise nicht immer deiner Absicht entspricht. Oder erlebst du täglich die Wetterlage, die deinem Wunsche entspricht? Nein? Obwohl du dir für diesen Winter möglichst viel Sonne wünschtest, hatten wir den sonnenscheinärmsten Winter seitdem es Wetteraufzeichnungen[30] gibt? Wie ist das nur möglich! Wenn du deine Realität gestaltest, müsste das Wetter doch eine deiner leichtesten Übungen sein! Als Meister des Universums! Aber da so viel, so unendlich viel Unsinn geschieht auf der Welt, kommt's darauf auch nicht mehr an.

Leben wird supereinfach, wenn du weißt, dass du als Persona nur ein winziges Zahnrädchen bist. Und zwar eins, das bereits läuft! Das also nicht erst zum Laufen gebracht werden muss. So wie es gerade läuft soll es laufen. Sonst liefe es ja anders. Das ist der Anfang alltagstauglicher Weisheit.

Leben funktioniert genauso wie Laufen. Du gehst Schritt für Schritt. Du brauchst nur einen Fuß vor den anderen zu setzen. Und das geht vollautomatisch, wenn du nicht auf die zwar attraktiv klingende, jedoch in der Konsequenz saudumme Idee kommst, es einmal mit dem Fliegen zu versuchen.

---

[30] Der Winter 2012/2013 ist der sonnenscheinärmste seit Beginn der flächendeckenden Wetteraufzeichnungen im Jahr 1951. Der Deutsche Wetterdienst bezeichnete den Januar und Februar als "ungewöhnlich trüb". Seit Anfang Dezember gab es in Deutschland im Schnitt nur 96 Sonnenstunden, normal sind 154. (Tagesschau.de)

Der einzige Grund ist der Urgrund

Steinbrück nannte Grillo und Berlusconi Clowns. 56 % der Bundesbürger sagen laut Emnid er müsse sich dafür entschuldigen. Steinbrück tut dies (Gott sei Dank) nicht. Wie weichgespült muss die Mehrheit der Deutschen sein, um das von Steinbrück zu verlangen! Ecken und Kanten sind offenbar kaum mehr gefragt.

In spirituellen Kreisen ist es noch schlimmer! Wenn du davon sprichst, Liebe sei alles, glauben die meisten jener mit treuherzigen Milchkuhaugen in Satsangs auf Kissen im Schneidersitz sitzenden oder sich an die Beine ihres Gurus schmiegenden oder auf eine neue Erde hoffenden Jünger, klare Kante zu zeigen sei ein sicheres Zeichen für einen unreifen Spirit. Und erleuchtet kann so einer keinesfalls sein!

Im natürlichen Zustand weißt du gar mehr nicht was Zorn ist. Du weißt ebenso wenig was Sanftmut ist. Denn du bewegst dich nicht mehr in diesen Kategorien. Du funktionierst einfach. Und wenn sie, die Funktion, bedingt, dass Betroffenheit im Zorn Ausdruck findet, dann geschieht das ohne die Konsequenzen oder gar deine Reputation zu bedenken.

Das hätte man doch auch anders sagen können! Hätte man, ja, wenn man sich nicht im natürlichen Zustand befände. Dann reagierst du nämlich den gesellschaftlich relevanten Normen entsprechend. Du bist auf dein Ansehen bedacht. Wie du wo ankommst!

Leider kriegen das manche Menschen in den falschen Hals und meinen, man könne sich im natürlichen Zustand wie die Axt im Walde verhalten. Im natürlichen Zustand geht's überhaupt nicht um Verhalten, obgleich es nach außen natürlich wie ein Verhalten wirkt.

Um zu verstehen wovon ich rede, musst du dich im natürlichen Zustand befinden. Ansonsten wirst du mich garantiert falsch verstehen. Man kann den Geschmack der thailändischen Suppe Tom Yang Gung zwar beschreiben, doch ein Gehirn, dem das erklärt wird, kann dabei nur auf vorhandene Referenzen zurückgreifen. Wenn der Geschmack von Thai-Gewürzen nicht im Repertoire des Gehirnspeichers ist, wirst du den Geschmack, den ich als Kenner beschreibe, mit Sicherheit falsch interpretieren.

Der natürliche Zustand ist nicht zu erreichen. Sonst wäre er ja nicht natürlich. Daher geht's im *luxury MindCrash* um Dekonditionierung. Und diese gilt insbesondere sogenannten spirituellen Vorstellungen.

Gestern im Coaching war eine (durchaus verständliche) Frage: *Weshalb hab ich denn all das aufgebaut und gelernt, wenn es nun wieder abgebaut wird? Das macht doch überhaupt keinen Sinn!* Ich verwies auf die Sandburg, die Yannick letzten Sommer auf Rügen am Strand gebaut hat. Als die Flut kam, war sie wieder weg. Was machte der Aufbau der Burg denn für einen Sinn?

Freilich kann man sagen: Das Eine spielt mit sich selbst. Und ich verwerfe diese Formulierung nicht, würde es jedoch heute nur noch dann so formulieren, wenn jemand da ist, der partout etwas Sinn braucht.

Sinn brauchst du jedoch nur, wenn sich die Frage nach dem Sinn stellt. Ansonsten, ich meine im alltäglichen Leben, brauchst du vor allem funktionierende Strukturen. Rumsitzen und drüber nachdenken, was du tun könntest, um ein sinnvolles Leben zu führen, ist da eher hinderlich. Ebenso die Frage wieso du etwas abbauen musst, das du einst aufgebaut hast. Weißt du ja aus eigener Erfahrung. Diese Fragen werden nicht mehr gestellt, wenn der Täter als Hirngespinst durchschaut ist.

> Dann siehst du mit Scharfblick,
> dass die Dinge so laufen,
> wie sie laufen, weil sie nicht anders laufen. ☺

Das klingt allerdings viel zu einfach, um einen philosophisch verbildeten Mind zufriedenzustellen. Der dekonditionierte Mind aber sieht darin nicht zu überbietende Weisheit.

Ein Universum, das nicht wurde, sondern aus sich selbst ist und sich auch selbst erhält, ohne Schöpfer und somit auch ohne geschaffen worden zu sein, ohne übergeordneten Sinn, ohne Ziel, ohne Absicht, ist weitaus genialer als alle Weltentstehungsideen zusammen. Freilich sind auch diese Teil dieser selbstexistenten Welt, in der gerade deshalb, weil sie an sich sinnlos ist, jeder Sinn für sinnvoll gehalten werden kann.

Die Schergen des Unglücks

Die Zahl der Anhänger bestimmt nicht, ob eine Religion gut ist. Wenn es darum geht – ist es nicht der Kult der Normalbürger, die die meisten Mitglieder hat? Nein, die Bakterien, von denen gibt es noch mehr.

Kodo Sawaki

Letztlich ist natürlich jede Religion, die es nicht gibt, die beste! Nichts ist tödlicher als Religion. Nichts degeneriert den Menschen mehr. Die Ideologien sind nicht der Rede wert und im Vergleich zur Religion wie die Krallen einer neu geborenen Miezekatze zu denen eines ausgewachsenen Tigers.

Religion ist auch deshalb so schädlich, weil sie autoritär ist. Sie ist Diktatur per excellence. Auch wenn sie diesen Eindruck in unserer säkularisierten Welt freilich zu verstecken versucht. Stets hat sie Seit an Seit mit Kriegsparteien gearbeitet, hat Soldaten und Kanonen gesegnet. Und das geschieht auch noch heute.

Die besten Moslems sind islamistische Terroristen. Denn sie tun exakt was die Schrift sagt, wozu natürlich die Scharia gehört.

Die Scharia versteht sich also als Gesetzessammlung, die den Gläubigen in ALLEN ihren Handlungen im Leben, also den rechtlichen, den gesellschaftlichen und den politischen, den Weg weist. Alleine der in der Scharia gewiesene Weg ist auch der Weg zu Allah!! Dass dieser Weg u.U. das Abtrennen von Gliedern oder Steinigungen vorschreibt, um zu Allah zu gelangen, ist eigentlich nebensächlich. Entscheidend ist, dass die Scharia für einen Moslem alle anderen Gesetze, wie die Menschenrechte, oder Gesetze der Vernunft, wie Humanismus, oder Staatsformen und rechtliche Traditionen wie Demokratie, außer Kraft setzt, ablehnt und ersetzt. Schlicht und einfach, die Scharia ist allen anderen Gesetzen der Menschen übergeordnet. Jeder Muslim, der Abstand von der Scharia nimmt, ist sich dessen bewusst, dass er damit auch vom Weg ins Paradies, und zu Allah, abweicht. Das oberste Ziel eines Moslems ist es, zu Allah, ins Paradies zu gelangen. Die Scharia, und nur die Scharia zeigt diesen Weg auf[31].

Freilich sind sich aufgeklärte Menschen darüber im Klaren, dass der Islam die dümmste Religion[32] ist, die existiert. Aber die wirklich Dummen sind jene, die unter denen, die an sie als *Gottes Wort* glauben, leiden.

Religion ändert nichts an den Bedürfnissen des Animals Mensch. Ihm wird lediglich etwas übergestülpt, ohne das er wesentlich effizienter und angenehmer leben könnte. Aber das Gehirn ist verwanzt. Überall, in allen Synapsen sind virtuelle Minimikros angebracht, so dass Gott alles mithören kann, was gedacht wird. Daher ist ein schlechtes Gewissen vorprogrammiert. Denn kein Gehirn ist mit diesem ausgemachten Schwachsinn, den Religion fordert, kompatibel. Aber genau das wird bezweckt. Nur sündige Menschen sind gute Kirchenmitglieder. Ohne dass der Mensch sündigen kann, verliert die Religion ihre Legitimation.

Daher ist es nur recht und billig, sie korrupt bis auf die Knochen zu nennen. Sie unterscheiden sich nicht von einem Dealer, weil sie Menschen zunächst süchtig nach der Vergebung ihrer Sünden machen, Sünden allerdings, die sie ihnen zuvor einredeten, und dann die einzigen sind, die sie ihnen nehmen können.

Bitte, ich zeige hier nur Sachlagen auf. Ich bin weit davon entfernt, die Schergen des Unglücks anzuklagen. Sie handeln nicht. Sie sind zu diesem Job ebenso verdonnert wie ich zu dem meinem!

Du brauchst weder Gott noch Religion! Du kannst dich bedürftig fühlen, das mag sein, daher bete, wenn es dir ein gutes Gefühl gibt, besuche eine Kirche, eine Kapelle, einen Satsang, es geht mir nicht darum dir etwas wegzunehmen, was dir gut tut.

---

[31] Yahoo clever
[32] Öffentliche Aussage des französischen Schriftstellers Michel Houellebecq

*Trenne dich nie von deinen
Illusionen und Träumen.
Wenn sie verschwunden sind,
wirst du zwar weiter existieren,
aber aufgehört haben, zu leben.*

Mark Twain

Da hat er recht! Ohne Illusion gibt's kein Leben. Selbst wenn du an keinen mehr festhalten kannst, halten sie dich fest. Sie sind überall. Sie dringen in deine Nase ein, in deine Ohren, in deine Augen, in deinen Mund. Du bestehst nur aus Illusionen. Selbst dein Body ist aus Illusionen gemacht.

Das zu sehen hat wie alles im Leben Vor- und Nachteile. *Nur existieren* hat den Vorteil unbelastet zu sein von all dem Stuss, der den vollständig von der illusionären Realität vereinnahmten Mensch quälen. Der Nachteil ist, jede Illusion, so attraktiv sie auch erscheint, als Illusion zu durchschauen. Das ist dann nicht jenes Leben, wie es der Normalbürger kennt. Insofern hat Mark Twain recht. Und er musste es wissen. Denn das Leben hatte ihn desillusioniert. In einem seiner Bücher[33] schreibt er:

„*Nichts* existiert. Gott – die Menschen – die Welt – die Sonne, der Mond, das Gewirr der Sterne: ein Traum, alles ein Traum; es gibt sie nicht. *Nichts existiert;* nur der leere Raum – und du!"

„Ich?"

„Und du bist nicht du – du hast keinen Körper, kein Blut, keine Knochen, du bist bloß ein *Gedanke*. Ich existiere auch nicht; ich bin nur ein Traum – dein Traum, Geschöpf deiner Phantasie..."

Das bleibt übrig, wenn die Realität als Illusion durchschaut wurde. Daher sag ich's immer wieder, erstrebenswert ist es nicht. Wenn du aber danach strebst, gibt's nichts, was du tun könntest, um der Desillusionierung zu entkommen.

---

[33] *Der geheimnisvolle Fremde* 2012; Übersetzt von Oliver Fehn, Pandämonium-Verlag, ISBN 978-3-9813482-5-5.

Optimale Stressvermeidung

Lieber Werner,
danke wieder für die Luxus-Mehlspeisen. lecker, lecker, Bäckermeister. Seit dem du in Erscheinung getreten bist, (hört sich irgendwie beschissen an, ist aber so) lebt es sich viel leichter.
Es stimmt: „Ein Zahnrad greift in das andere, man verpasst sonst die eigene Show." Ich vertreibe einfach nur die Zeit als Zeitvertreib.
Ob ich arbeite, faulenze, wütend bin, mich ärgere, scharf bin, keine Lust auf irgendetwas oder alles habe – es geht mir so wie in dem Film KLICK – es klickt dann wieder und ich schätze was ich habe und es kehrt dann wieder die vollkommene Ablassschtilllä ein. War ja nur das Leben. Müde von den 1002 Bücherlesen und vom was man sich so alles vorwerfen und suchen kann, ist mir DySpirit passiert.
Manchmal kann ich kaum erwarten, dass dein Text erscheint, manchmal genieße ich einfach den ganzen Tag die Freude und öffne erst abends. Ich bin verrückt nach deinen Wortspielen und nach dem, was in und zwischen den Zeilen steht. Früher hatte ich immer so einen starken Missionsdrang, ich bin geheilt davon.
Ob-la-di, ob-la-da, in liebe dein Helmut

Ich kann nicht sagen, dass ich mich über solch ein Feedback freue. Also bitte nicht falsch verstehen, denn ich ärgere mich natürlich auch nicht, wenn ich so ein wunderschönes erhalte. Ich finde es lediglich erstaunlich, dass statt ab und zu einem nicht jeden Tag 100 eintreffen, so dass ich Mitarbeiter dran setzen müsste, um sie zu sichten und zum größten Teil auch zu beantworten, weil mir die Zeit fehlen würde, dies selbst zu tun. ☺

Es liegt nicht am fehlenden Marketing, glaub mir. Manche sagen mir das. Und ich antworte: Was bekannt werden soll, wird bekannt! Mit dem Anziehen einer winzig kleinen Stellschraube können selbst Menschen bekannt werden, für die sich normalerweise keine Sau interessiert. Werf mal einen (kurzen) Blick in eins dieser abgefuckten Nachmittagsprogramme, wenn Britt irgendeinen unterbelichteten Fettsack interviewt, der sich darüber beklagt, dass seine asoziale Freundin, ebenso fett und noch vulgärer als er, ständig fremdgeht. Da gucken immerhin ungefähr eine halbe Million zu. Ich nehme an zumeist Hartz IV Empfänger oder solche, die es werden wollen...

Wird nicht an der Stellschraube gedreht, passiert nicht einmal was, wenn man bei Dieter Bohlen zu Deutschlands Supertalent wird. Dem Mann mit den 2 Stimmen, Freddy Scholl heißt er, verhieß Bohlen Weltkarriere nach seinem Sieg in 2010. Vor einer Woche trat Freddy in dem Provinznest Brackenheim auf. Auf seiner Webseite befindet sich kein Terminkalender der von Bohlen verheißenen Welttournee. Nix steht da, nur Brackenheim. Der Ort, an dem außer der Geburt unseres ersten Bundespräsidenten nach dem 2. Weltkrieg Theodor Heuß nix Bedeutendes bekannt ist.

Wie ist das möglich, fragt sich jeder, der diese unfassbare Stimme, die schneller vom Bariton zum Tenor wechseln kann, als du mit dem Auge zu blinzeln vermagst, einmal gehört hat. Ich hörte ihn zum ersten Mal so um das Jahr 2005 in Karlsruhe während einer Geburtstagsparty, als er nur für uns Gäste sang und auch noch nicht bekannt war, am Tisch, ich saß ihm direkt gegenüber. Seine Stimme berührte derart mein Herz, sie drang so tief in mich ein (und tut es noch heute), dass mir die Tränen kamen.

Bärbel Mohr wurde bekannt, weil sie in Bioleks Talkshow auftrat. Er sprach ja nicht, wie das heute bei Markus Lanz der Fall ist, mit vielen Gästen gleichzeitig, sondern nur mit einem Interviewpartner. Er fand den Titel des Buches „Bestellungen beim Universum" originell, deshalb lud er sie ein und 3,5 Millionen sahen zu, wenn ich mich recht erinnere. Am nächsten Tag waren die Buchläden leergekauft. Und der Hype um die Bestellqueen währte viele Jahre.

Diese Texte hier sind so originell, überhaupt die Art wie hier Nondualität rüber gebracht wird, so simpel gleichzeitig, dass es selbst einfach gestrickte Menschen verstehen, dass es zweifellos ein Millionenpublikum geben könnte. Wenn es denn ein solches geben sollte. Jemand bekannt machen, das ist ein Klacks für den Kosmos.

Übertrag das Prinzip auf dich und deine Situation. Denn deshalb erzähl ich die Storys. Hast du irgendeinen Wunsch, der sich noch nicht erfüllt hat? Selbst wenn es kein drängender ist, wär's dir schon ganz recht, wenn die Fee ihn herbeizaubern würde. Vielleicht ist es ja ein ganz simpler, beispielsweise ein anderes Gesicht. So aussehen wie George Clooney oder Meryl Streep. Nee, ich meinte natürlich Jennifer Lopez. So eine kleine Operation während der Nacht...
Nein? Du hast andere Wünsche? Ganz andere. Nicht derart unerfüllbare? Wünsche sind kein Problem. Außer du findest dein Leben nicht lebenswert, wenn oder weil sie sich nicht erfüllen. Denn dann kann dir das Leben unmöglich lebenswert erscheinen. Jedem Hund geht es besser.

Manche finden es ja abturnend, wenn ich ihnen sage, ihr Lebenslauf sei schon gelaufen. In meiner Wahrnehmung ist das ganz anders. Ich find's erleichternd. Um nichts mehr kämpfen zu müssen. Nichts mehr visualisieren zu müssen. Einfach nur das zu tun, was offensichtlich zu tun ist. Selbst einen Buchtitel zu finden erfordert kein Brainstorming mehr. Ideen kommen, werden verworfen, neue entstehen, werden womöglich wieder verworfen, dann kommt einer rein, den ich toll find, ich führe ein Gespräch, nenn den Titel, krieg kein begeisterndes „Ja, der isses", und der Findungsprozess geht womöglich in die dritte Phase. Dieser Prozess erfordert keine Kraft mehr. Weil die Gewissheit da ist, dass er schon da ist, der Titel. Das neue Buch ist nicht nur schon längst geschrieben, es hat auch schon einen Titel. Doch das Leben tut so, als wisse es ihn noch nicht. Das Leben tut so, als müsse er erst entstehen. So läuft das Spiel des Lebens. Wüssten wir zu 100 Prozent, was werden wird, müsste es nicht mehr erlebt werden.

Anstrengend und mühsam ist Leben nur dann, wenn du glaubst oder noch zu glauben vermagst, „du" müsstest es leben. Klar, ich erinnere mich schon noch an die Zeit, als mein Haus gebaut wurde und ich jede Menge Arbeiten in Eigenleistung machen musste, wie kaputt ich oft am Abend war und wie weh mein Rücken tat. Aber das meine ich nicht, wenn ich behaupte, dass das Leben nicht mehr anstrengend ist, wenn du weißt, dass nur das geschieht, was schon geschehen ist. Man kann schon mordserschöpft sein, jedoch nicht gestresst. Selbst die Psychologie unterscheidet ja zwischen Eustress und Distress[34]. Aber selbst das meine ich nicht. Denn Hausbau ist, zumindest in meiner Wahrnehmung, nie ein Vergnügen. Wie oft ich dabei **ge**flucht habe über dieses und jenes geht auf keine Kuhhaut. Unfähig war ich jedoch diese Plackerei selbst zu **ver**fluchen. Was ich damit meine ist, zu glauben, die Dinge liefen aus dem Ruder, oder hätten anders laufen können, wenn ich nicht die dusslige Entscheidung getroffen hätte, im jugendlichen Alter von 58 Jahren nochmal ein Haus zu kaufen. Die Entscheidung mag dusslig gewesen sein, da jedoch der Dusslige fehlt, konnte ich sie nicht als meine betrachten und war somit auch nicht gestresst. Klar zu sehen, dass der Lebenslauf schon gelaufen ist, ist daher die optimale Stressvermeidung.

---

[34] „Dis" ist eine lateinische Vorsilbe und steht für „schlecht". Dieser Begriff ist von einer griechischen Vorsilbe abgeleitet: „eu" steht für „gut".

Die PPM-Theorie

Das Leben ist ein sich selbst erhaltendes Spiel und das perfekte Perpetuum Mobile, weil es nicht einmal in Gang gebracht wurde.

Werner Ablass

Mann, Mann, Mann, hätte ich so ein Zitat als junger Mann gelesen… das Perpetuum Mobile hätte mit mir ein vollkommen anderes Spiel gespielt! So kraftvoll wäre sein Einfluss gewesen und er ist es noch immer, natürlich nur, wenn man es zu würdigen weiß.

Zunächst mal die Definition: Ein **Perpetuum mobile** (lat. ‚sich ständig Bewegendes', Pl. *Perpetua mobilia*) ist eine hypothetische Konstruktion, die – einmal in Gang gesetzt – ewig in Bewegung bleibt. (Wikipedia)

Scharlatane versuchten sich daran, Wissenschaftler und große Geister: Das Perpetuum mobile ist seit der Antike einer der Menschheitsträume. Dabei ist's schon da. Und wir befinden uns mittendrin.

Die Welt hat keinen Anfang. Das scheint eine kühne Behauptung zu sein, ist aber nur logisch. Denn Schöpfungsgeschichte und Urknall sind lediglich gescheiterte Versuche den Anfang des Universums zu erklären. Gescheitert deshalb, weil ein ewiger Gott ebenso wenig erklärt werden kann wie ein ewiges Universum. Und weil der Urknall auch nicht erklärt, wie es überhaupt zu ihm kommen konnte und wie es möglich war, dass sich aus einem Knall ein derart geniales Universum zu entwickeln vermochte.

Das Universum kann nur ein perfektes PM sein, alle anderen Theorien greifen schlicht zu kurz, wenn man sie logisch durchleuchtet.

Die Entdeckung Einsteins *Energie = Masse* passt hervorragend zur PPM-Theorie, denn nichts von dem, was verschwindet, geht jemals verloren. Wohin sollte es denn entweichen, wenn das PPM alles umfasst? Es steht dem Gesamtsystem lediglich wieder pur zur Verfügung, um sich in anderer Form manifestieren zu können.

Ich weiß natürlich nicht – wie denn auch – ob du mir darin folgen kannst. Eins aber steht für mich fest: Könnest du's und wärst darüber hinaus nicht einer, dem Massentierhaltung von Hühnern gleichgültig ist, würdest du die PPM-Theorie[35] ebenso befreiend finden wie ich. (Auf den in diesem Kontext zunächst befremdenden Aspekt der Massentierhaltung komm ich später zurück)

Ist es nicht wahrhaft geil! Das Ding hat nie begonnen und ist nie zu Ende! Halleluja!

Nirgends findest du einen Schöpfergott, nur die vielen erfundenen Götter, die das Ding deshalb schufen, um Lebewesen zu schaffen, die ihnen dienen! Ha-ha-ha-Alleluja!

Das PPM funktioniert ohne Fremdeinfluss. Es bedurfte keines Erfinders, es hat sich nicht einmal selbst erfunden, es ist schlicht so wie es ist! Halleluja! (Du merkst, wir kommen heut nicht mehr raus aus den himmlischen Jubelrufen)

> Es ist ein geniales Spiel,
> weil es genial ist!

Verstehst du was ich meine? Es klingt beinahe unverschämt simpel, ist aber die Erklärung schlechthin. Etwas, das genial ist, ist schlicht deshalb genial, weil es genial ist. Du musst keinen (Gott) „dahinter" suchen, der genial ist. Du findest ihn eh nicht. Du findest lediglich Genialität in all dem was ist. Das ist das Wesen des PPM. (Und was fehlt jetzt noch zur Satzergänzung? Klar: Halleluja!)

Was bedeutet Verschwinden aus dem Manifesten ins Nicht-mehr-vorhanden-sein? Letztlich überhaupt nichts! Denn du kannst unmöglich WEG sein. RAUS sein aus dem Spiel der Manifestation, das ist möglich. Das ist sogar unvermeidlich! Irgendwann ist dieser Körper Schrott. Und je älter ich werde, desto klarer steht mir das vor Augen. Es ist schon ein Unterschied, ob du 20, 30, 50 oder 60 Jahre alt bist. Es ist ein anderes Körpergefühl. Ich war zwar zu der Zeit, als ich jünger

---

[35] Perfektes Perpetuum Mobile

war, zwar öfter krank als heute, fühlte mich aber insgesamt vitaler, stärker, kraftvoller. Nun, das ist nun mal der Gang der Dinge. Du kannst niemand dafür verantwortlich machen. Da ist niemand, der dafür verantwortlich ist. So ist das PPM eben. Wobei ich zu beobachten scheine, dass das PPM immer das Bestmögliche rausholt. Jetzt komm ich zurück zur Massentierhaltung.

Ich sah Frontal 21.

Von wegen Bio – Die Lüge vom glücklichen Huhn
Der aktuelle Eierskandal zeigt: Wo Bio drauf stand, war nicht immer Bio drin. Dahinter steckt ein systematisches Problem. Seit einigen Jahren haben große Agrarindustrielle Bio für sich entdeckt, produzieren Jahr für Jahr Millionen Bio-Eier. Dem Verbraucher werden Tierschutz, Transparenz und Nachhaltigkeit vorgegaukelt fürs Millionengeschäft.

Als ich die Hühner sah, die dazu ausgenutzt werden, ihre Halter reich zu machen, trieb es mir die Tränen in die Augen. Es sind Lebewesen, verdammt nochmal! Ich habe nichts dagegen, dass Hühnereier verkauft und Hähnchen zum Verzehr geschlachtet werden. Das PPM (oder die Natur) macht es uns ja vor. Es gibt geborene Fleischfresser (Löwen) und ebenso geborene Vegetarier (Kühe). Und der Tod an sich ist ja auch kein Problem. Denn was sichtbar wird, das erscheint nur, und was unsichtbar wird, erscheint einfach nicht mehr. Ist aber dennoch vorhanden. Energetisch freilich. Nicht materiell, nicht in-Form.

Ich bin dafür, solche Tierquäler aus dem Verkehr zu ziehen. Wie auch immer. Womöglich mit einem Bolzenschussgerät, das man ihnen ebenso an die Stirn setzt wie den Schweinen! Nicht aus Rache, denn sie handeln ja ebenso wenig wie die Tierschützer. Es ist dennoch ein natürlicher Reflex in mir, ihnen so ein Schicksal zu wünschen und dafür kann ich freilich auch nix. ☺

So ein Stall Tausender nahezu federloser, neurotischer Hühner, die in ihrer eigenen Scheiße sitzen müssen, die zum Teil sogar zentimeterdick und pickelhart ist, weil sie nie weggeräumt wurde, erscheint mir nicht viel anders als ein KZ der Nazis, in der diese Dreckschweine die armen Juden ähnlich diesen armen Hühnern einsperrten!

Jetzt kommt's! Meine und (hoffentlich auch deine) Empörung über solche Missstände, ist ebenso im PPM wie die Massentierhaltung. Das PPM sorgt immer und in jedem Fall für die bestmögliche Lösung. Lass es mich so erklären: 5.222 Millionen „Bio"-Eier wurden in der BRD in 2011 nachgefragt bzw. gefressen. Angebot und Nachfrage bestimmen unser derzeitiges Wirtschaftssystem. (Planwirtschaft hat sich eh als Flop rausgestellt.) Also wie sollte im PPM anders auf die Nachfrage reagiert werden als durch Massentierhaltung! Darauf läuft es hinaus. Es ist die bestmögliche Alternative. Jedoch nicht für immer und ewig. Denn im PPM gibt's auch Tierschützer. Menschen mit Emotionen und Mitgefühl für die gequälte Kreatur.

Ohne nun wahrhaft nicht die Rechte für Hühner mit den Rechten von Schwulen vergleichen zu wollen – schaut euch doch bitte einmal die Entwicklung der Gesetze für Schwule an. Ich erinnere mich noch sehr gut daran, dass in den sechziger und siebziger Jahren Schwule als 175er bezeichnet und als Unzüchtige bestraft wurde. Erst seit Ende der 1990er Jahre bestimmt in Deutschland die staatliche Anerkennung von gleichgeschlechtlichen Paaren die rechtliche und gesellschaftliche Diskussion. In den 70er Jahren war die damalige Gesetzeslage für Homosexuelle die im Kontext des Zeitgeistes Bestmögliche. Aber eben nicht die Beste. Die kommt erst jetzt, zumindest in Deutschland (und weiten Teilen Europas) in Sicht, indem das Verfassungsgericht gleichgeschlechtlichen Paare nahezu die gleichen Rechte einräumt wie heterosexuellen Paaren. Und es ist absehbar, dass sie bald gänzlich den Heterosexuellen gleichgestellt werden.

Das PPM arbeitet offensichtlich im Try und Error-Verfahren. Und hier, genau an diesem Punkt, wird die PPM-Theorie ergänzt durch die Spiel-Theorie. Wäre das PPM seinem Wesen nach kein sich selbst erhaltendes Spiel, wären viele „Unvollkommenheiten" zumindest ethisch unerklärlich. Ein Spiel jedoch wird nach bestimmen Regeln gespielt und eine wesentliche Regel des kosmischen ist die Dualität. Ohne sie wäre es nicht nur unmöglich zu spielen, ohne sie würde nicht einmal das „Feld" existieren, in oder auf welchem gespielt wird. Dualität als Schatten und Licht auf der optischen Ebene, als Schönheit und

Hässlichkeit auf der ästhetischen Ebene, und auf der ethischen als Gut und Böse, Gerecht und Ungerecht.

Das bedeutet fürs subjektive Erleben: Die beiden Seiten der eXistenZ sind, wie im Tao-Symbol m.e. bestens zum Ausdruck gebracht, stets zu gleichen Teilen (50/50) vorhanden. Sie sind jedoch ebenfalls stets in Bewegung, was m.E. im Symbol die geschwungene Linie anzeigen soll. Und die beiden Punkte im jeweiligen Feld (dunkel im Hellen und hell im Dunklen) zeigen an, dass das Dunkle nie gänzlich dunkel und das Helle nie gänzlich hell ist und auch, dass das Dunkle hell und das Helle dunkel zu werden vermag.

Als Beispiel dieser „kontinuierlichen Bewegung" könnten wir beispielsweise die Entwicklung Deutschlands heranziehen. Von 1933 bis 1945 von den Nazis dominiert und ein Unrechtsstaat per excellence, ist sie heute, freilich nur in Relation zu vielen anderen Staatsgebilden auf diesem Globus, ein Rechtssaat mit Strukturen, welche man – natürlich wiederum nur im Vergleich mit anderen Staaten, selbst der freiheitlichen USA – vorbildlich nennen könnte.

Wenn wir von einem Anfang des Universums ausgehen, sind wir in jedem Fall schon auf dem falschen Trip. Und je länger wir auf ihm bleiben, desto größer wird der Abstand zur Wirklichkeit. Wir erfinden den allmächtigen Schöpfer oder den Urknall und die Evolution. Und wissen daher nicht zu schätzen, was offensichtlich wird, wenn wir von einem ewig vorhandenen und sich selbst erhaltenden PPM ausgehen, in welchem nichts verloren geht und verloren gehen kann, selbst wenn eine der vielen Erscheinungen verschwindet. In welchem ebenso jeder sogenannte **Missstand** lediglich den „unvermeidbaren" Kontrast zum **Wohlstand**, der natürlich in diesem Kontext nicht nur materieller Natur ist, bildet, ohne den das kosmische Spiel unspielbar wäre.

Ein PPM erfinden zu wollen kann nur ein Spiel im Spiel sein, und zwar ohne Ergebnis, weil es bereits perfekt existiert. Alles, was erfunden wird, bezieht seine Energie aus dem PPM und ist angewiesen auf dessen Kreativität und Energie. Da es jedoch bereits existiert, besteht überhaupt keine Notwendigkeit für ein zweites.

Was möglich ist, ist, Leben als PPM zu erkennen und sich auf das Spiel, das es spielt, einzulassen. Das kann auch bedeuten, dass jemand zum Tierschützer wird. Wenn es jemandes Part im Spiel ist, ist es nicht einmal zu vermeiden. Ebenso wenig vermeidbar ist jedoch die Rolle des korrupten Massentierhalters, wie wir ihn gegenwärtig erleben. Was jedoch wiederum nicht bedeutet, dass er nicht eines Tages aussterben bzw. verschwinden wird. So wie der Sklavenhalter, zumindest weitgehend.

Alle Formen können verschwinden in diesem genialen Spiel, das sich ohne Anlass und Veranlasser spielt. Der Kontrast aber, der notwendig ist, um überhaupt spielen zu können, der lässt sich freilich durch die romantische Idee weltumspannender Gerechtigkeit nicht verdrängen.

Transzendenz ohne Gott

Werner, wieso PPM-„Theorie". Das klingt ja als wärst du selbst nicht von ihr überzeugt...

Ich bin von nix überzeugt! Selbst davon nicht, ob ich wirklich hier bin und schreibe. Obgleich ich nix anderes wahrnehmen kann im Moment. PPM ist schlicht das was übrig blieb nach einer viele Jahrzehnte dauernden Untersuchung dessen, was eXistenZ ist. Diese Untersuchung schloss ein, dass ich beinahe zwei Jahrzehnte an einen persönlichen Gott glaubte. Natürlich nahm ich diesen Glauben damals nicht als Teil einer Untersuchung wahr, aber in Wahrheit war's nichts anderes. So hatte ich die Chance, sozusagen an eigenen Leib zu erfahren, was dabei rauskommt.

Jeder „persönliche", jedoch ebenso auch „unpersönliche" Gott führt sich selbst ad absurdum. Gestern erhielt ich ein Mail folgenden Inhalts: *Ich bewundere und beneide die Menschen, die durch die Erkenntnis deiner Lehre in einen Glückstaumel verfallen sind. Bei mir macht sich leider nur Frust breit, weil ich irgendwo das Gefühl habe, zu einem Leben „verdonnert" zu sein, das ich gar nicht leben will!! Auch wenn ich nur eine „Marionette" bin, deren Programm irgendwann vollkommen ausgelöscht sein wird, muss ich doch all das FÜHLEN und ERTRAGEN, was diese bescheuerte Quelle sich für mich in dieser Zeitspanne hat einfallen lassen! Und damit komme ich überhaupt nicht klar! Im Gegenteil! Ich habe das Gefühl, dass ich bald durchdrehe! Diese furchtbare Wut gegen Gott kann ich nicht stoppen, ich weiß nicht wie! Ich hätte nie geglaubt, dass ich Gott oder der göttlichen Energie gegenüber einmal so abgrundtief hasserfüllt sein könnte.*

Wer an Gott glaubt, in die Welt sieht und nicht über die geniale Fähigkeit religiöser Menschen verfügt, sich die Welt schön zu beten, muss auf Gott wütend sein. Wie denn anders? Ein Gott, der all das Scheußliche auf diesem Globus nicht nur zulässt, sondern „geplant" hat, müsste ohne Gerichtsverhandlung auf den elektrischen Stuhl!

Wenn er zu meiner größten Überraschung nach dem Tod auftauchen würde, um über mich zu richten, würde ich ihm sagen: „Ich muss zwar jetzt in die Hölle, aber ich bin dennoch überaus dankbar, dir perversem Riesenarschloch den Dienst quittiert zu haben! Andererseits bin ich jedoch überaus dankbar dafür, denn deinen Geboten und Verboten gerecht zu werden, war bereits Hölle. Und so durfte ich anschließend wenigstens ein paar Erdenjahre Himmel erfahren."

Nein, PPM ist die einzig „würdige" Alternative zum Schöpfergott und zur Urknalltheorie. Es fällt uns nur so unendlich schwer, uns von der linearen Denke zu verabschieden.

---

von A   nach B

Dieses Denken brauchst du im Alltag. Morgens fährst du ins Büro, abends wieder heim. Du wirst geboren und irgendwann bist du tot.

Auf diesem Feld funktioniert es. Das lineare Denken. Geht's jedoch um die Frage: Was war zuerst da: Huhn oder Ei, sind wir mit dem linearen Denken am Ende.

Wir brauchen den Kreis. Denn der, tja, wo findest du denn in einem Kreis Anfang und Ende? Oder bist du, um Anfang und Ende zu setzen, nicht auf Spekulation angewiesen?

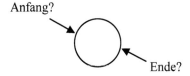

Auf der Linie der Zeit kann's nie etwas anderes geben als Spekulatius. Dabei kommen ebensolche Erfindungen raus wie der Weihnachtsmann und der Osterhase.

Der Kreis ist die einzig logische Alternative zur Spekulation linearen Denkens. Ein Kreis führt sich nicht ad absurdum, denn er **braucht** weder Anfang noch Ende. Dem linearen Denken jedoch erscheint das völlig absurd. Wie soll es denn möglich sein, dass die Welt nicht irgendwann entstand? Sie muss doch irgendwann begonnen haben! Und irgendjemand muss sie doch in Gang gesetzt haben und am Laufen halten! Die Welt war schon immer da? Ohne Absicht? Ohne Planer? Das vermag ich nicht zu glauben! Außerdem hat doch die Naturwissenschaft massenhaft Beweise für den Urknall und die Evolution! Na klar haben sie die! Die Frage ist nur, wie sie zustande kamen. Durch lineares Denken auf der Zeitebene nämlich. Setzt du voraus, dass es einen Anfang gab, findest für jede Weltentstehungstheorie genügend Beweise. So läuft das Spiel! Doch Zeit ist etwas, das es in Wahrheit gar nicht gibt. Nur für das Erleben der eXistenZ wird Zeit als Mittel benötigt.

Der Raum hat weder begonnen noch wird er enden. Anzunehmen es wäre anders ist absurd. Nur das, was im Raum geschieht, beginnt und endet, wird in Zeit gemessen. Und das ist das Spiel, das niemand spielt. Natürlich könntest du sagen, dass der Raum spielt. Aber was würde das nützen?

Daher behaupte ich:

Leben ist ein sich selbst erhaltendes Spiel,
das perfekte Perpetuum Mobile (PPM),
weil es noch nicht einmal in Gang gesetzt werden musste.

Und wenn das einmal glasklar ist, verschwindet auch der Zorn auf die Quelle. Weil du keine findest. Und auch keine (mehr) brauchst. Weil du spürst, weil du empfindest, ja, weil du weißt, dass du selbst das PPM bist. Und damit das, was sich abspielt. Ein Spiel ist es, freilich, nichts anderes als ein Spiel kann es sein! Denn es geht ja um nichts in der Welt. Generationen kommen und gehen. Nichts ändert sich <u>wesentlich</u>. Die Mode, die Technik, die Art und Weise zu leben, Ländergrenzen, die Sprache, das alles freilich. Äußere Dinge mit anderen Worten. Die Natur des Menschen ändert sich nicht. Und wird sich nie ändern. Sie muss tugendhaft und grauenvoll sein, weil es ansonsten unmöglich wäre das Menschenspiel zu spielen.

Denk nicht, PPM wäre, weil's so einfach klingt, einfach zu entdecken gewesen. Ich hatte die Hölle dogmatischer Bibelgläubigkeit und vieler andere spirituelle, philosophische und naturwissenschaftliche Irrtümer zu durchlaufen, bis das Ende aller linearen Denkvorgänge hinsichtlich der Weltentstehung bzw. Schöpfung erreicht war.

Du profitierst heute von dem, was dabei raus kam. Ohne dich selbst in all die Sackgassen verlaufen zu müssen. Außer dir wär's auch bestimmt. Dann wirst mein Angebot schlicht nicht wahrnehmen können. Und solange auf dem Zahnfleisch laufen, bis sich all die Phantasien, denen du noch verhaftet bist, als solche erweisen.

Nichts war zuerst da

Werner, beantworte mir doch bitte eine quälende Frage: Das ich bin was wahrnimmt, ist mir klar, wenigstens theoretisch. Aber wie um Himmelswillen kommt es dazu? Ich nehme nur wahr, ja, das ist klar, ich kann nichts anderes finden ganz hinten, ich frag mich nur wie es dazu kommt? Das kann doch nicht alles von selbst existieren?

Oh doch! Es kann nicht nur, es muss sogar. Denn es gibt nur zwei andere Alternativen: Urknall heißt die erste und die zweite Gott. Beide „verzögern" lediglich, was am Ende un(er)klärbar bleibt: Das Wunder der eXistenZ.

Sowohl die Urknalltheorie als auch die Schöpfungsgeschichte beruhen auf schlampiger Recherche. Man hätte sich einmal fragen sollen, was sie der PPM-Theorie[36] voraus haben. Dann wäre schnell klar gewesen, dass das letztere intelligent und die beiden vorher genannten auf Dummheit und Sturheit beruhen.

Aus dem Nichts heraus knallt es! Na toll! Aus dem Nichts heraus schafft Gott – woher kommt der denn so plötzlich – Himmel und Erde! Mann oh Mann, zu diesen Behauptungen gehört schon eine geradezu gespenstisch anmutende Phanatasiebegabung!

Klar ist das PPM auch ein Wunder. Aber die unbeantwortbare Frage: Was war zuerst da, Henne oder Ei, Baum oder Same, muss nicht mehr beantwortet werden. Nichts war zuerst da, weil das, was erscheint, genauso erscheint, wie wir es, sobald wahrgenommen wird, jeweils vorfinden. Mit Henne nämlich UND Ei. Wahrnehmung kreiert sozusagen die duale Welt. In einem Nu. Im Bruchteil einer Sekunde. Der nämlich, die notwendig ist, um von der Nichtwahrnehmung in die Wahrnehmung zu „erwachen."

Kindlich einfach. Aber um das verstehen zu können musst du zuerst ein Kind werden. Erwachsene schütteln freilich den Kopf. *So ein Quatsch. Einfach da. Wie soll das denn funktionieren?* Jedoch können

---

[36] Perpetuum Mobile

sie ebenso wenig erklären, woher Gott kommt und wie es möglich ist, eine derart bescheuerte Menschheit zu schaffen, die sich um ihre verschiedenen Götter versammelt und gegenseitig bekriegt. Oder wie es zu diesem idiotischen Knall kam, dessen Resultat ein so unfassbar geniales Universum ist. Man muss schon einen Knall haben, um daran glauben zu können. Das ist jedoch der einzig existierende (Ur)Knall. Eindeutig zu beweisen ist nur, dass die Welt da ist, sobald wahrgenommen wird. Stimmt's? Vorher ist nichts da und dann plötzlich alles. Keine Entwicklung von A nach B. Kein Schöpferwort von irgendwo her. Es sei denn du hörst Stimmen...

Es kann doch nicht sein, dass die Welt niemand schuf! Ich dagegen behaupte: Es kann unmöglich sein, dass jemand sie schuf! Alles, was ich wahrnehme, spricht für meine These. Niemand hat das erfunden, niemand hat das begonnen und niemand wird es je enden lassen. Was ich einzig bis zur Quelle zurückverfolgen kann, ist, dass alles, was erscheint und zwar restlos alles, wahrgenommen wird und ohne Wahrnehmung offensichtlich nicht existiert. Demnach kann die Quelle alles Existierenden nur Wahrnehmung oder Gewahrsein sein. Und daher sagten schon die Weisen des Altertums: Alles ist Bewusstsein oder Bewusstsein ist alles was ist.

Das ist so einfach wie logisch.

Das Problem dabei ist nur, dass das Wahrgenommene – also das, was wir Welt nennen – so irrwitzig REAL erscheint, dass das, was wahrnimmt, automatisch zugunsten des Wahrgenommenen oder Wahrzunehmenden in den Hintergrund tritt. So als wäre es gar nicht vorhanden. Dabei ist es alles was ist. Dass es in den Hintergrund tritt, spielt jedoch überhaupt keine Rolle, weil ja kein einziger Vordergrund den Hintergrund tilgt. Er hat überhaupt keine andere Wahl als verborgen zu bleiben, weil sonst das, was erscheint, gar nicht erscheinen könnte.

Wenn im Kino lediglich eine leere Leinwand erschiene, wäre zwar für das gesamte Publikum klar ersichtlich, dass sie die Basis für einen Film bildet, der Film aber würde auf einer leer bleibenden Leinwand niemals erscheinen. Das wir die Leinwand vergessen, sobald Django durch die Prärie reitet, nehmen wir ihr doch nicht übel. Oder? Sie bleibt uns ja dennoch erhalten. Während der ganzen Zeit, in welcher der Film läuft, ist sie die Basis der Illusion, die uns beglückt oder zu Tode betrübt. Und selbst dann, wenn wir sie total und völlig vergessen, läuft ohne sie nix.

Die Erinnerung an die Leinwand vermag den Film nicht vorzeitig zu beenden. Sie sorgt lediglich dafür, dass sich der Zuschauer nicht über Gebühr in der Handlung verheddert. Es ist jedoch schon eine große Erleichterung, wenn er während einer Schlacht mit Toten und Verletzten realisiert, dass sich das Ganze nur auf der Leinwand da vorne abspielt. Und ebenso erleichternd ist es, wenn inmitten des Lebens mit all seinen Turbulenzen realisiert wird, dass dies lediglich wahrgenommen wird und das ich das bin, worauf dies alles erscheint.

Sela.

Das, worin alles erscheint

Das entscheidend andere zur Spiritualität, die allenthalben gelehrt wird, ist die Sicht auf die Persona. Die steht im Mittelpunkt. Sie muss transformiert werden. Sie muss lieben. Sie muss still werden. Sie muss göttlich werden. Aber selbst dann, wenn sie das alles nicht müsste, geht es dennoch um sie. Was geht in mir vor? Was denke ich? Was fühle ich? Wie bin ich beschaffen? Wie geht's mir?

Die entscheidende Frage aber ist: Bin ich das? Bin ich das Gesicht, das erscheint, wann immer in den Spiegel gesehen wird? Oder ist es nur eins unter vielen, die „mir" täglich begegnen?

Bin ich der Körper, der sich so anfühlt, als wäre ich in ihm drin und als wären alle anderen Körper außerhalb von mir? Als wäre die ganze Welt außerhalb von mir?

Eine wirklich frappierende und doch außerordentlich erhellende Entdeckung ist, wenn ich entdecke, dass ich alles Mögliche sehen kann – außer mich als den der sieht! Schau in den Spiegel! Was siehst du, wenn du dir in die Augen siehst? Siehst du den, der sieht? Oder siehst du lediglich die Augen, durch die gesehen wird? Du siehst nie den Seher. Der Seher kann sich nicht sehen.

Du kannst auch den Hörer nie hören! Du hörst, ja, aber wo ist er, der Hörer? Und wo ist der Riecher, der Schmecker, der Taster?

Such Fiffi such! ☺

Das ist die effizienteste Suche, die es gibt! Obgleich du keinen der hier genannten Typen finden wirst. Das Nichtfinden lässt nämlich nur einen Schluss zu: Nicht vorhanden! Wie war es nur möglich mich derart zu irren?

Das Nichtfinden kann derart überwältigend sein, dass du unfähig wirst, an dir zu arbeiten. Mehr zu lieben, mehr zu tun, weniger zu rauchen und weniger oft wütend zu werden! Schlicht weil du siehst: Ich bin nicht der oder die, ich kann gar nicht die oder der sein, der oder die existiert nicht, hat noch nie existiert, wird nie existieren. Ich bin nicht im Körper, der Körper ist in mir. Sozusagen. Ob ich mich im Spiegel oder meinen Partner vor mir sehe – ich bin weder das eine noch bin ich das andere. Oder andersrum: Ich bin sowohl der, der mir im Spiegel begegnet als auch der, der vor dem steht, der sich im Spiegel meint selber zu sehen.

Denk nicht, diese Schau sei erhaben! Nein, **diese Schau ist normal**, du hast sie als Kind und sie geht dir verloren. Weil das Gehirn konditioniert wird. Bis du dich für eine Person hältst und andere auch für Personen, die mit dir nur insofern zu tun haben, als du ihnen begegnest.

Das kann nicht gut gehen, denn diese Betrachtungsweise entspricht nicht der Realität. Sie beruht auf Täuschung. Und trennt.

Das klare Sehen eint nicht. Es beweist nur, dass es keine Trennung gibt. Was immer erscheint, ist, was du nicht bist. Egal ob es sich um "deinen" oder einen "anderen" Body handelt. Es ist das, was erscheint. Nicht was du bist.

Was du bist, ist das, worin das erscheint, was erscheint. Wenn ich es benennen will, mache ich es zum Objekt. Daher vermeide ich Bezeichnungen immer mehr. Manche sagen dazu der raumlose Raum, andere Bewusstsein, Gewahrsein, wieder andere Gott. Die Gefahr solcher Bezeichnungen ist, dass du das, was du in Wahrheit bist, zu eben solch einem Objekt machst wie all jene, die in dem, was du bist, erscheinen.

Für das, was du bist, brauchst du keine Bezeichnung. Wozu? Du bist es ja, also wozu es bezeichnen?

Ich mache seit einiger Zeit im Seminar und Coaching jene Untersuchungen, die dem einen oder anderen langweilig erscheinen mögen, in Wahrheit jedoch so scharf wie ein Skalpell sind. Sie zerschneiden die irrsinnige Vorstellung, ich könnte eine Person sein. Denn ich bin nur, worin sie erscheint.

Und das ist solch ein Wunder! Täglich erneut. Ach, was für ein wundervolles Spiel ist das Leben, ist Welt! Wenn du raus bist aus ihm als Persona. Wenn sie, die Persona, wirklich ist, was sie ist: Eine Figur, **um im Spiel sein zu können**.

Selbst dann, wenn sie Rückenschmerzen hat, die Persona, ist die Erfahrung eine andere, wenn klar ist, dass du sie nicht bist, sondern lediglich erfährst.

Du nimmst nur wahr

Und wenn ich „du" sage, meine ich natürlich nicht die Persona. Sondern dich! Es wäre schlicht ein Mangel an Respekt, wenn ich mit dir die Person meinen und ansprechen würde, die erscheint.

Gestern Abend in einem Zugabteil.. VFB Fans mit Schal. Laut. Blöd. Besoffen. Lachten sich die Gedärme raus, weil sie sonst nichts zu lachen haben im Leben.

Das sind jedoch nur Erscheinungen. Das ist nicht das, was sie sind. Und ich bin natürlich auch nicht der mürrische alte Mann, der diese lärmende Bande am liebsten rausschmeißen möchte. Nicht aus dem Zug, nur aus dem Abteil. Und der nur deshalb mit ihnen versöhnt ist, weil er realisiert, dass es sich um ebensolche Erscheinungen handelt, wie seine Persona selbst eine ist. Nur mit dem Unterschied, dass er von seiner Persona lediglich den Oberkörper und den Unterkörper sowie die Beine wahrnimmt und die Persona der VFB-Fans per Gesicht oder Hinterkopf ins Objektiv geliefert bekommt.

Denn ich bin das, was wahrnimmt. Mehr bin ich nicht, weniger jedoch auch nicht. Du natürlich auch nicht. Wir sind beide das Gleiche – das, was wahrnimmt nämlich – du aber hast als das essentiell Gleiche eine **andere Perspektive** als ich. Weil das Gerät, mit dem Wahrnehmung wahrnimmt, ein jeweils anderes ist.

Gerät = Persona.

Wenn unklar bleibt, dass du bist was wahrnimmt, liegt das lediglich an der Geräteeinstellung. Was wahrnimmt hält sich unter Umständen für das Gerät, durch das es wahrnimmt. Und ist deshalb womöglich ein VFB-Fan. Das, was wahrnimmt, wie gesagt. Denn nur das ist real. Das, was wahrnimmt ist dermaßen begeistert von Fußball und einem Verein, dass die größtmögliche Katastrophe darin bestünde, dass der VFB (wie gestern gegen Hamburg) verliert! Und das aufgrund dieser verlorenen Schlacht Verlustgefühle entstehen, die mit einigen Dosen Bier überlagert werden müssen, weil sie sonst zu sehr schmerzen. Das ist natürlich albern und das, was wahr wahrnimmt bleibt auch dabei das (lediglich) wahrnimmt. Es bleibt rein, mit anderen Worten. Es wird durch die Involvierung in die idiotische Liebe zum VFB, die idiotische Traurigkeit über die verlorene Schlacht, den idiotischen Griff zum Dosenbier und dem idiotischen Geschwätz, das dem Munde entströmt, weder alkoholisiert noch verblödet. Die Blödheit ereignet sich lediglich in dem was wahrnimmt. Ohne das was wahrnimmt zu beschädigen.

Das, was wahrnimmt würde nicht einmal beschädigt werden, wenn ein Fan unter die Räder geriete, weil ein anderer Fan ihn angerempelt hätte, so dass dieser statt in den Waggon unter denselben geschubst worden wäre. Das Gerät um wahrzunehmen wäre dabei zwar zerstört worden und der Anblick hätte in dem was wahrnimmt Entsetzen ausgelöst, doch selbst das Entsetzen hätte das was wahrnimmt nicht einmal angekratzt. Aaaaaaaaaaaaaaaaaaaaaaaaaaaaaaaa!

Wenn sich in dem was wahrnimmt realisiert „ach so ist das, ich bin das was wahrnimmt, nicht das, was wahrgenommen wird, verändert sich nicht die spezielle Art, wie durch das Gerät wahrgenommen wird.

Jedoch verändert sich dadurch natürlich ALLES.

Wie sollte sich jedoch das was wahrnimmt verändern? Es ist ja vor und nach der Realisation schlicht das, was wahrnimmt. Weil jedoch wahrgenommen wird, dass lediglich wahrgenommen wird und die besondere Art wahrzunehmen allein am Gerät liegt, das zur Wahrnehmung benutzt wird, verändert sich natürlich die gesamte *Art* der Wahrnehmung. Wie sollte beispielsweise die Fixierung auf den VFB ernstgenommen werden können, wenn das, was wahrnimmt, im Gerät eines VFB-Fans wahrnehmen würde, dass lediglich wahrgenommen wird? Und so müsste sich die Fixierung lösen, wenngleich die Sympathie für den Verein vermutlich bestehen bleiben würde. Man könnte sogar ohne Fixierung VFB-Fan *spielen*, wenn man es denn wollte, weil ein Fußballspiel ohne Fixierung auf einen bestimmten Verein weniger spannend ist. Es wäre jedoch mit Sicherheit eine gespielte, keine reale Fixierung.

Jede Fixierung auf ein Objekt der Begierde löst sich auf, wenn das, was wahrnimmt, realisiert, dass es lediglich wahrnimmt und nicht etwa ist, was begehrt. Es sind auch nicht die Objekte der Begierde, die sich auflösen. Ist das Gerät auf ein spezifisches Objekt der Begierde fixiert, dann ist es so *eingestellt*, so *programmiert*. Und die Erwartung, *daran* könnte sich nach der Realisation etwas ändern, ist Utopie.

Was sich ändert ist eben nur eins: Gewahrsein gewahrt, dass es nicht ist was gewahrt wird, sondern das, was gewahrt! Und zwar indem realisiert wird, lediglich das zu sein, was gewahrt oder wahrnimmt, und mitnichten das Gerät, das zur Wahrnehmung benutzt wird, noch das Objekt der Begierde.

Wenn du den VFB liebst, wirst du nicht ganz plötzlich zu einem Bayern-München Fan. Und schon gar nicht statt Fußball die Kakteenzucht lieben. Dein Geschmack, dein Interesse, deine Neigungen, deine Tendenzen ändern sich nicht. Wie auch? Das Gerät, das das, was wahrnimmt, zur Wahrnehmung nutzt, wird nicht etwa reklamiert, ausgetauscht bzw. ersetzt. Du wirst weder kleiner noch größer, weder klüger noch dümmer, weder heiliger noch unheiliger.

Einzig klar wird, dass ich das bin, was wahrnimmt. Diese Klarheit allerdings ist, wenn sie nicht nur gemindet wird, der absolute Hammer! Es ist der Switch schlechthin. Denn wenn du wahrnehmen kannst, dass du lediglich wahrnimmst, schlicht weil du einzig und allein bist und sein kannst, was wahrnimmt, ist sowohl das Gerät als auch das Objekt der Begierde die schönste Nebensache der wahrgenommenen Welt.

Das personale Gedächtnis

Kinder hams gut. Bis sie konditioniert werden. Selbst im Krieg, schau mal Bilder an aus solchen Gebieten. Die Straßen und Häuser zerbombt, und sie spielen. Mittendrin im Dreck, im Schutt, mit zerrissenen Kleidern, schmutzigen Gesichtern und ungewaschenen Händen. Und du siehst sie lachen. Und wenn sie einen Ball haben sollten, ist ihr Glück perfekt.

Wieso können Kinder das? Na ja, Kinder tragen eben noch keine Verantwortung, magst du sagen! Sie durchschauen noch nicht, was Krieg bedeutet. Wie gefährdet sie sind. Jeden Tag. Jede Stunde. Und sie wissen nicht, was es bedeutet, die Familie trotz aller Schwierigkeiten zu schützen und zu ernähren.

Solche Argumente sind freilich nicht von der Hand zu weisen. Kinder leben tatsächlich ohne die genannten Sorgen. Und folgen daher einfach unser aller tiefsten Bedürfnis: zu spielen.

Es gibt jedoch noch einen Grund und der ist wesentlich entscheidender für ihr Verhalten: Kinder haben noch kein personales Gedächtnis.

Du hast den Begriff noch nie gehört oder gelesen? Kein Wunder. Mir geht's genauso. Er wurde gerade eben kreiert. Ich hab ihn zu googeln versucht und nicht gefunden.

Personales Gedächtnis bedeutet: Sie haben noch nicht gelernt eine Person unter anderen Personen zu sein. Natürlich nehmen sie eine räumliche Distanz wahr. Auch einen zeitliche, wenn Mama oder Papa abwesend waren und wieder nachhause kommen. Sie können jedoch nicht unterscheiden zwischen ihrer und der Identität ihrer Eltern. Es gibt eine externe, jedoch keine interne Trennung.

Sie haben auch noch nicht gelernt, dass sie Denker, Entscheider, Täter sind. Zwar hat man ihnen bereits beigebracht, was man sagt und tut und was man besser nicht sagt und nicht tut. Dies konnte jedoch noch nicht dazu führen, sich als die Denker ihrer Gedanken, die Entscheider ihrer Entscheidungen, die Täter ihrer Taten zu wähnen. Denn dazu bedarf es einer gewissen Zeit der Gewöhnung. In der Psychologie nennt man diesen Gewöhnungsprozess Konditionierung[37]. Das Gehirn lernt, sich als eine von anderen Personen und Dingen getrennten Person zu begreifen, die so wie alle anderen für ihre Existenz und ihr Glück Verantwortung tragen und daher darauf zu achten haben, was sie denken, entscheiden und tun.

(Klein)Kinder nehmen sich und die Welt so noch nicht wahr. Sie können dir zwar nicht sagen, dass sie schlicht das sind, was wahrnimmt, ihre Lebenswirklichkeit jedoch ist es. Deswegen können sie lachen, spielen, herum toben, jede Menge Blödsinn reden, Schmerz schnell vergessen, und ebenso auch, was man ihnen womöglich angetan hat.

Kinder sind Gewahrsein in Reinform. Erst wenn die Person geformt wurde und die Vorstellung persönlicher Täterschaft eingepflanzt ist, lässt die spontane Lebensfreude nach und die Last drückt schwer auf die Schultern. Freilich ist der Umgang mit ihr je nach Charakter bzw. Anlage recht unterschiedlich.

Erwachsene sind ebenso wie Kinder lebenslang lediglich Erscheinungen im Gewahrsein. Doch belastet durch Konditionierung. Und die formt das personale Gedächtnis. Darin sind all die vielen Erfahrungen gespeichert, die diese haltlose Behauptung unterstützen. Wie man dich als Person behandelte, wie du andere Personen behandelt hast, ob es richtig oder falsch war, ob es dich beleidigt oder gewürdigt hat, und so weiter und so weiter.

Da das personale Gedächtnis auf Täuschung beruht, kann es nur im Fiasko enden. Irgendwann kannst du die Welt nicht mehr so wertschätzen wie ein Kind dies natürlicherweise vermag. Ein (Klein)Kind ist sogar unfähig sie nicht zu wertschätzen. Selbst wenn es schreit, drückt es damit nur seine natürlichen Bedürfnisse aus. Du solltest nicht meinen, dass ein schreiendes Kind unglücklich ist. Es ist jenseits von Glück und Unglück. Ohne personales Gedächtnis sind diese beiden Begriffe ohne Belang.

---

[37] Unter **Konditionierung** versteht man in der behavioristischen Lernpsychologie das Erlernen von Reiz-Reaktions-Mustern (Stimulus-Respons). (Wikipedia)

Ist Konditionierung von Kindern vermeidbar? Natürlich nicht. Sie ist sogar nötig. Ein Kind muss zwischen mein und dein, ich und du, hier und dort, falsch und richtig, links und rechts unterscheiden lernen, um in der menschlichen Gesellschaft funktionieren zu können. Dabei kommt es jedoch (meistens) zu einem Nebenprodukt, das fatale Auswirkungen hat: die fiktionale Identifizierung. Dann wird nicht nur aus funktionalen sondern fiktionalen Gründen zwischen ich und du, mein und dein, hier und dort, falsch und richtig, links und rechts unterschieden. Dann wird geglaubt, dass ein wesentlicher- bzw. Wesensunterschied zwischen dir und anderen Personen bzw. Dingen besteht.

Wenn dann Welt erscheint, erscheint mit ihr das personale Gedächtnis und es bestätigt die Sicht, dass ich eine Person unter anderen Personen bin. Eine Person, die über ihre Art zu denken und zu leben entscheidet. Und zwischen uns besteht eine unüberbrückbare Kluft, die nur in den wenigsten Fällen überbrückbar erscheint. Wird sie überbrückt nennt man es Freundschaft. Kann sie nicht überbrückt werden, nennt man es Feindschaft.

Gibt's einen Ausweg aus dem Dilemma fiktionaler Identifizierung? Natürlich. Allerdings nur, wenn sich die Konditionierung, die durch fiktionale Identifizierung entstand, als Schimäre erweist. Diesen Vorgang nennt man Dekonditionierung. Und der ereignet sich, wenn überprüft wird, ob das, was geglaubt wird, der Wirklichkeit entspricht. Daher stell ich im LMC[38] u.a. folgende Fragen:

Bin ich der Atmer oder ist Atmen schlicht eine Funktion?
Bin ich der Herzschläger oder ist Herzschlagen eine Funktion?
Bin ich der Geher oder ist Gehen schlicht eine Funktion?

Ich spiele sämtliche biologische, mentale und emotionale Funktionen mit dir durch und bitte dich dir jeweils die Frage zu stellen, ob die jeweilige Funktion „guten Gewissens" personalisiert werden kann! Ist das nicht der Fall, erübrigt sich die Frage, ob ich eine Person unter anderen Personen bin bzw. sein kann.

---

[38] Luxury MindCrash-Seminar

Und wenn trotz Überprüfung das personale Gedächtnis nicht deaktiviert werden kann, kann ich nur die Empfehlung aussprechen, das LMC erneut zu besuchen. Bis es leer ist – das personale Gedächtnis.

Der natürliche Zustand

Dass stets überhaupt nichts los ist, was auch immer passiert, ist der natürliche Zustand. Irre bedeutet, diesen natürlichen Zustand zu verlieren. Gewöhnlich erkennen wir den natürlichen Zustand nicht. Gewöhnlich stülpen wir noch etwas über ihn drüber, deshalb ist er nicht mehr natürlich.

Kodo Sawaki, ZEN-Meister (1880-1965)

Man kann eine Lebensgeschichte über den natürlichen Zustand stülpen. Oder eine Liebesgeschichte. Die universale Gottes oder die irdische, in beiden Fällen gewinnt man(n) eine Braut. Man kann eine Religion drüber stülpen. Eine Philosophie. Ein Ritual. Eine Praxis.

Kodo Sawaki saß täglich stundenlang. Und doch sagte er: Satori bedeutet zu verlieren, Illusion zu gewinnen.

Das ist der Grund, weshalb ich weder von Erleuchtung noch von Erwachen, sondern lediglich vom natürlichen Zustand zu sprechen vermag. Ich tue das, obgleich mein „letzter Guru" Ramesh Balsekar die beiden vorher genannten Begriffe gebrauchte und damit einer altehrwürdigen indischen Tradition treu blieb.

Erleuchtung und Erwachen – beide Begriffe werden mit Zugewinn assoziiert. Ich aber habe in der Präsenz Ramesh Balsekars nichts gewonnen. Überhaupt nichts. Im Gegenteil: Ich verlor etwas. Und zwar die Ich-Illusion. Illusion deshalb, weil es gar kein Ich gibt. Das wir alle glauben, eins zu besitzen, beruht einzig auf Konditionierung.

Kinder sind noch nicht illusioniert und konditioniert. Daher wirken sie auch so natürlich. Die Ich-Illusion kommt erst später hinzu. Und für die *funktionale Identifizierung* mit dem KörperGeistOrganismus innerhalb der menschlichen Gesellschaft ist das auch nötig. Kein Tier, auch nicht das der Rasse Mensch, könnte adäquat funktionieren, wenn es lebenslang auf Distanz zu seinem Körper bliebe. Nein, du musst schon das Gefühl haben, „ich bin da drin", auch wenn es sich nur um ein Empfinden handelt.

Das eigentliche Problem mit der konditionierten Ich-Illusion ist, was ich als *fiktionale Identifizierung* bezeichne. Wenn mensch glaubt, er sei *tatsächlich* jene Person, die lediglich eine Art Avatar darstellt, um Welt überhaupt erleben, besser noch *wahrnehmen* zu können. Dann entsteht ein auf der Fiktion, ich sei de facto eine Person inmitten anderer Personen, beruhendes Selbstbild. Weil es falsch ist, erweckt es natürlicherweise die ebenso falsche Empfindung der Fremdheit, des Getrenntseins, und womöglich sogar des „alle sind gegen mich und ich gegen alle."

Als ich im Juli 2004 auf die Empfehlung des weisen pensionierten Bankpräsidenten Ramesh Balsekar in Mumbai hin überprüfte, ob ich an dem Tag, der gerade zur Neige ging, tatsächlich und in eigener Regie gedacht, entschieden und gehandelt hatte, wurde dieses fiktive Selbstbild wie eine Götzenstatue zerschmettert. Nichts hatte ich jemals gedacht, nichts jemals entschieden, nichts jemals getan. *Ich* war also mit anderen Worten überhaupt nicht vorhanden. Im besten Fall war ich eine Marionettenfigur in einem Theater, das wir gewohnt sind *Weltgeschehen* zu nennen.

Daher bezeichne ich den Zustand, den ich nach diesem Einschlag oder besser noch Kahlschlag erfuhr, nicht etwa als Erleuchtung, sondern als Koma. Denn ich gewann überhaupt nichts hinzu, ich verlor vielmehr etwas: Die Illusion, eine Person zu sein, die unabhängig vom Kontext, in dem sie jeweils erscheint, in eigener Regie zu denken, zu entscheiden, zu handeln, ja zu existieren vermag. Seitdem ist bewusst, dass ich existiere und gleichzeitig nicht.

Das ist jedoch nichts Besonderes. Daher: *natürlicher* Zustand. In welchem sich übrigens jedes Tier und auch jedes Kleinkind befindet.

Spirituell Suchenden empfehle ich daher ihre Suche zu modifizieren. Suche den, der sucht, anstatt nach Erwachen, Erleuchtung oder Transformation! Und wenn du den, der sucht, finden solltest, grüß ihn ganz herzlich von mir. Findest du ihn aber nicht – und das steht zu befürchten – erledigt sich die spirituelle Suche.

Was anschließend passiert bezeichne ich als *Dekonditionierung.* Denn jede Konditionierung wird zur Gewohnheit. Hat jeder erlebt, der von einem Auto mit Kupplung auf Automatik umstieg. Eine Zeitlang sucht der Fuß nach der Kupplung und die Hand nach dem Ganghebel. Bis das Gehirn sozusagen entwöhnt oder eben dekonditioniert ist.

Ebenso mag es dem gehen, der den, der sucht, denkt, entscheidet, tut, geht, ruht, schmeckt, riecht, atmet einfach nicht zu finden vermag. Und daher *unfähig wird* an einen Sucher, Denker, Entscheider, Täter, Gehenden, Ruhenden, Schmeckenden, Riechenden, Atmenden zu glauben. Die von ihrem jeweiligen Kontext getrennte in Eigenregie existierende Person wird als „nützliche Illusion" durchschaut und fällt daher ab wie herbstlich verfärbtes Laub von den Bäumen. Weil wir jedoch keine Bäume sind, sondern Menschen mit einem Gehirn, das Gewohnheiten, selbst wenn sie sich unnütz und schädlich erweisen sollten, für nützlich hält, bedarf es der Dekonditionierung. Dies ist jedoch schlicht ein Prozess der Entwöhnung von einer im Grunde völlig überflüssigen Denkgewohnheit.

Alle Menschen befinden sich im natürlichen Zustand. Bei den meisten jedoch ist diesem das jeweilige fiktive Selbstbild übergestülpt, was im Ergebnis dazu führt, ihn nicht genießen zu können. Man ist getrieben von Ehrgeiz und Sehnsucht dem fiktiven Selbstbild in möglichst allen Aspekten zu entsprechen. Ob es sich dabei um materielle, ideelle oder spirituelle Ziele handelt ist Jacke wie Hose. Man wird sie jedoch nicht loslassen können, solange die fiktive Identifizierung mit dem GeistKörperOrganismus nicht als Schimäre durchschaut wird. Ist dies aber der Fall, führt überhaupt kein Weg daran vorbei. Man verliert die Fähigkeit an ihnen festzuhalten. Daher ist der natürliche Zustand keine Fähigkeit, die man erwirbt, sondern die Unfähigkeit, das fiktive Selbstbild aufrecht zu erhalten.

Damit Rosen blühen

Alles ist gut wie es ist. Es gibt kein einziges verirrtes Wesen. Kein Grund zur Hektik.

Amithaba Buddha[39]

So musst du die Welt sehen, damit sie so ist. Siehst du sie als Jammertal, wird sie dir auch als ein solches erscheinen. Du wirst nur Jammern hören. Aus jedem Ort, aus allen Tälern, selbst von den Bergen werden sie herunter jammern und das Echo wird natürlich ebenso klingen.

Amithaba Buddha ist nicht etwa als kleines Kind auf den Kopf gefallen und hat daher auch keinen Hirnschaden davongetragen. Er wurde auch nicht zu heiß gebadet. Aus diesem Grund ist er kein Lehrer positiven Denkens. Nein, ganz und gar nicht. Er verweist lediglich auf die Perspektive, mit der er die Welt sieht.

Ohne sie wirst du im Jammertal leben. Und überall Jammer wahrnehmen. Nicht nur in der Welt, auch in dir. Du kannst dich schmerzhaft auf den Kopf fallen lassen und sagen: Was für eine chaotische und hässliche, sinnlose Welt! Du kannst ebenso wie Amithaba Buddha hinsehen und sagen: Welch eine Liebe, die nicht einmal davor zurückscheut, trotz aller Opfer, welche die dunkle Seite der Dualität erzwingt, manifest zu werden! Oh wie sehr ich doch liebe! Oh wie sehr ich doch liebe! 500 Mal hintereinander und das schließt selbst Franziskus I. ein, der die Homo-Ehe Teufelswerk nennt und selbstverständlich am Zölibat und der hirnverbrannten Sexualethik der römisch-katholischen

---

[39] Amitabha ist der Buddha der umfassenden Liebe. Er lebt in der Ruhe (Darstellung als meditierender Buddha) und arbeitet für die Erleuchtung aller Wesen (Darstellung als segnender Buddha). Seine wichtigste Erleuchtungstechnik ist die Visualisierung der umgebenden Welt als Paradies. (Wikipedia)

Kirche festhalten wird. Trotz der Notwendigkeit der Religion kann sich Liebe nicht zurückhalten. Sie muss lieben und daher kreativ sein. Damit Rosen blühen! Ach, allein schon für deren Schönheit und Duft hat sich der ganze Aufwand gelohnt!

Du aber willst nicht dahin sehen, sondern bleibst in der Knechtschaft der dunklen Gedanken, die dich glauben lassen, das Leben würde dich fies und ungerecht behandeln! Und wie es andere begünstigt, während deine Seele darbt und vor die Hunde geht. Du empfindest das Leben wie Selbstmord auf Raten. Leben bedeutet dir nichts. Du bist wie ein Maulwurf, der nur dunkle Gänge bauen und unschöne Haufen aufwerfen kann. Blind für die Schönheit, die dich von allen Seiten umgibt!

Wenn du Amithaba Buddha folgst, hörst du ihn sagen: *Alles ist gut, wie es ist. Es gibt kein einziges verirrtes Wesen!* Du aber entgegnest ihm aufgebracht: Siehst du denn an mir vorbei? Bin ich dir denn keines Blickes wert? Und AB antwortet: Natürlich sehe ich dich! Und du wiederum klagend: Aber ich bin doch verirrt! Rette mich! Hol mich raus aus der Irrenanstalt! Amithaba Buddha jedoch sieht dich nicht so wie du dich. Er sieht dich in deinem ursprünglichen Licht. In dem was du wirklich bist. Dem, was nie aufhört reines Licht und unbedingte Liebe zu sein. Und so sieht er alle Wesen. Selbst wenn sie glauben zu leiden und womöglich sogar leiden zu müssen. So sieht er die Krieger auf dem Schlachtfeld. So sieht er die Opfer im Lazarett. Er sieht überall Rosen. Er sieht das Paradies. Nicht weil er positiv denkt.

Er sieht's, weil er durchblickt.

Und er lehrt dich zu sehen wie er sieht: Schau ins Wesen der Dinge! Blick durch! Sei nicht so töricht an dem hängenzubleiben, was lediglich notwendig ist, damit Manifestation möglich wird. Kein Licht ohne Schatten. Natürlich! Aber er, der Schatten, ist doch nur ein Nebenprodukt, damit das Licht leuchtet und überhaupt leuchten kann.

Amithaba Buddha zeigt dir nicht wie es geht. Er bringt dir keine Mentaltechniken bei. Er zeigt nur auf die Wirklichkeit und empfiehlt dir mit ihm zusammen auf dieselbe zu blicken. Wenn du dich ihm verweigerst, fragt er nicht nach dem Grund. Er lächelt nur, weil er dich im Licht sieht und gewiss ist, dass kein Wesen verirrt ist. Sela!

Der Paradiesblick

Lieber Werner, (ich musste die beiden Worte zusammenschreiben, es klang so stimmig☺) und es klingt betörend, wenn du schreibst, man sollte doch die Welt als Paradies sehen, indem man ins Wesen der Dinge blickt. Ich hätte diesen DurchBlick ach so gern, glaube mir, sehe aber meistens nur die sterbliche Haut drum herum. All das was nicht funktioniert in meiner – wie sagst du's so schön – Erlebniswelt. Die meisten Menschen kotzen mich an und in nicht wenigen Fällen ich mich selbst auch. Was soll ich mir etwas vormachen, es ist so und nicht anders. Was tun sprach Zeus, die Götter sind besoffen?

Die Dinge sind so unfassbar perfekt, dass mir staunend der Mund offen stehen bleibt. Was nicht bedeutet, dass ich nicht auch manchmal fluche. Oder traurig bin, wenn jemand zu stur ist, zu blöd oder zu vernagelt, um all das fallen zu lassen, was ihn ins Unglück stürzt. Dafür fehlt (im Programm) jedes Verständnis.

Doch genau das ist perfekt. Die Vernageltheit ebenso wie die Traurigkeit. Der Paradiesblick kommt mir beim Blick auf die Formwelt nicht etwa abhanden. Er ist da, sobald ich das Paradies sehen will. Und ich will! Ich hab nicht die geringste Lust und nicht das geringste Interesse in der Hölle zu schmoren.

Wer könnte so töricht sein zu glauben, die Welt sei de facto ein Paradies? Nein, das ist leider gänzlich unmöglich. De facto ist sie fiftyfifty Paradies und Hölle. Und wenn jemand, um seinen beschissenen Zustand zu rechtfertigen, darauf verweist, dann hat er natürlich de facto recht! Nur ändert das nix an seinem beschissenen Zustand. Er wird solange in der Hölle braten, bis er den angebrannten Schmorbraten nicht mehr zu riechen vermag.

Ich rede vom ParadiesBLICK. Das ist etwas ganz anderes als sich die Welt schönzureden, wie es auf spirituellen Festivals oder in speziellen Ashrams der Fall ist. Heile Welt? Das meine ich nicht.

Der Paradiesblick macht die Welt nicht zum Paradies, WEIL sie so paradiesisch ist, auch nicht deshalb, weil man nur auf die *bright side of live* fixiert ist, sondern weil dahin gesehen wird, wo nichts anderes als das Paradies gesehen werden KANN. Wobei die Betonung auf KANN liegt.

Wenn ein Mensch zu mir findet, tu ich mein Bestes um ihm den Paradiesblick schmackhaft zu machen. Manchmal indem ich euphorisch und lichterloh brennend direkt auf ihn verweise, ein anderes Mal überprüfe ich mit ihm zusammen sein fiktives Selbst- bzw. Weltbild auf seinen Wahrheitsgehalt. Ich bin aber kein Missionar und erhebe daher nicht den Anspruch, allen Menschen around the globe den Paradiesblick eröffnen zu können.

Ich bin eher eine Schaufensterauslage. Man kann reinschauen und das, was man sieht, attraktiv finden und kaufen oder nicht attraktiv genug, um den Preis zu bezahlen. Natürlich freu ich mich, wenn gekauft wird und ein wenig traurig, wenn die Wertschätzung unterbleibt.

In den natürlichen Zustand „rutscht" man. Denn er muss nicht erarbeitet werden. Arbeiten musst du, um dich von ihm zu entfernen. Oder ihm fern bleiben zu können. Nur dann erscheint alles so unendlich schwer oder kompliziert oder beides.

Der natürliche Zustand ist paradiesisch, weil animalisch. Tiere reflektieren nicht über sich: Warum hab ich nur einen Rüssel? Keinem anderen Tier baumelt so ein komisches Ding vorne runter. Weshalb kann ich das Futter nicht mit dem Maul aufnehmen wie Schwester Kuh? Und warum bin ich nur so ein Koloss? Warum nicht so geschmeidig wie Bruder Panther? Warum ist meine Haut nur so ruppig und grau? Weshalb nicht so glatt und so rosig wie das von Kusine Sau! Weshalb kann ich nicht so schön und vielstimmig flöten wie Nachbarin Amsel, sondern klinge wie eine eintönige Trompete, wenn ich mich äußere? Würde der Elefant derart hirnrissige Fragen stellen, bliebe seine atemberaubende und einzigartige Schönheit verborgen und er würde schlimmer als ein getretener Hund unter seinem „eigenartigen" Aussehen leiden.

Die Hölle öffnet nur dann ihre Pforten, wenn du derart bescheuerte Fragen zu stellen vermagst. Das Höllenfeuer brennt nur dann lichterloh, wenn du dich mit anderen Tieren vergleichst. Und du wirst solange schmoren, solange du dein genetisches Programm in Frage stellst. Darauf gebe ich dir Brief und Siegel! Du kannst so viel spirituelles Wissen aufnehmen wie der Eifelturm hoch ist, es wird dir hinsichtlich des Paradiesblicks nichts nützen. Im Gegenteil, es wird ihn immer weiter verdunkeln und sogar das Material dafür liefern, um die Flamme des Höllenfeuers nicht ausgehen zu lassen.

Der Paradiesblick und der natürliche Zustand sind Synonyme. Im natürlichen Zustand hast du den Paradiesblick und der Paradiesblick führt nirgendwo anders hin als in den natürlichen Zustand. Eins ist unmöglich ohne das andere.

Mach dir nichts vor! Im natürlichen Zustand ist Leiden an dir oder anderen unmöglich. Leiden ist der beste Beweis, dass du ihm etwas übergestülpt hast, was ihm wesensfremd ist. Du magst Nondualität in- und auswendig kennen, du magst darüber besser referieren können als ich, leidest du, bist du weiter von ihm entfernt als ein einfacher Bergbauer, der auf dem Bänkchen vor seiner Alm nach getaner Arbeit gemütlich sein Pfeifchen raucht und das Wort Satsang nicht einmal richtig aussprechen kann, geschweige denn begreift, was darunter zu verstehen ist.

Einfachheit ist gefragt, um das Paradies sehen zu können. Um *es gibt keinen Täter nur Taten* zu begreifen bedarf es keines akademischen Grads. Auch keiner Anstrengung, keines Kraftaufwands, keines Trainings. Anstrengend ist es, dein fiktives Selbstbild aufrecht zu erhalten, und es womöglich sogar noch mit der faulen Ausrede, es gäbe ja keinen Täter, nur Taten, zu untermauern und zu stabilisieren. *Es ist mir gänzlich unmöglich den Wunsch aufzugeben, so kuschlig wie ein Koala zu wirken.* Obwohl du spätestens beim Blick in den Spiegel erkennst, dass Koalas nun mal keinen Rüssel besitzen.

Du weißt das und vermagst dein fiktives Selbstbild dennoch nicht aufzugeben? Nun dann wirst du weiterhin leiden, während ich jede Lebensform als einmalige Variante der Essenz aller Formen erblicke und mich deshalb und allein deshalb im Paradies befinde.

The real is illusion and the illusion is real

"Alles ist leer" bedeutet, gegen nichts anzurennen, denn da ist überhaupt nichts los. Das wir glauben es sei etwas los, liegt daran, dass wir von etwas berauscht sind.

Kodo Sawaki

Es gibt ein Buch mit diesem genialen Titel, den ich als Überschrift wählte. Ich hab's nicht gelesen, ich fand nur den Titel gut. Und so überaus wahr. Übrigens: Das ist es nicht, worauf ich in erster Linie verweise. Es stimmt zwar, ist aber mitnichten mein Fokus. Denn ob du das weißt oder nicht ändert nichts in deiner Lebenswirklichkeit. Jean Paul Sartre wusste es, Mark Twain wusste es, Hermann Hesse wusste es und vielen, vielen anderen, insbesondere kreativen Menschen, war das bewusst, obgleich sie keine Satsangs veranstalteten. Es ist ja auch zu offensichtlich. Allein die Vergänglichkeit aller Dinge lässt keine andere Schlussfolgerung zu: Die sogenannte Realität MUSS Illusion sein.

Im alltäglichen Leben jedoch stimmt es ebenso, dass die Illusion real ist. Die Wand ist zwar Illusion, und doch kannst du nicht durch sie hindurch gehen, es sei denn, du benutzt eine Tür. Dein Körper ist Illusion, wenn aber der Kopf schmerzt, fühlt sich das äußerst real an.

Da die gesamte Realität Illusion ist, gilt das natürlich auch für den natürlichen Zustand. Und gerade dieser fühlt sich besonders real an. Realer als sonst etwas in der Welt. Denn seine Stabilität lässt sogar dann nicht nach, wenn das Leben instabil wird. Beispielsweise durch finanziellen Mangel, einen körperlichen Defekt, zerbrochene Freundschaft, Jobverlust, Misserfolg, etc. Im Gegenteil: Besonders in solchen Situationen erweist sich der natürliche Zustand als ganz besonders stabil! Stabiler als Stahlbeton sogar.

Wer auf ihn verzichtet, verzichtet auf DEN Luxus schlechthin. Überleben kann er zwar. Aber das könnte er selbst im Lazarett. Mit amputierten Bein, einäugig, und tja, selbst ohne Geschlechtsorgane.

Viele, wenn nicht die meisten Menschen, schleppen sich nur durchs Leben. Spirituell korrekt formuliert: Sie werden durchs Leben geschleppt. Sie leben im Schlepptau irgendeiner Illusion oder eines Ziels, das sie höchstwahrscheinlich nie erreichen werden. Sie leben nicht nur in einer Traumwelt, sondern in einem Traum in der Traumwelt. Und wenn sie diesen Traum aufgeben würden, würde die Welt in ihrer Wahrnehmung ein einziger Alptraum. Es scheint tatsächlich so zu sein, dass Menschen eher mit einem Dauerschmerz bzw. Dauerleiden leben, als ihren Traum im Traum aufzugeben! Dies ist aber zu 100 Prozent die Voraussetzung dafür, um subjektiv im natürlichen Zustand zu sein. Nichts verunmöglicht den natürlichen Zustand mehr als dem natürlichen Fluss des Lebens zu widerstreben oder ihn durch ein anderes Erleben ersetzen zu wollen.

Ich erwähnte es schon etliche Male: im natürlichen Zustand bist du ein Animal. Du existierst, reflektierst aber nicht über dich und das Leben. Man könnte meinen dies sei der reine Stumpfsinn. Oh nein, wahrlich nicht. Schau rein in die Tierwelt! Wie viel Blödsinn Tiere machen. Wie viel Zeit sie mit Spielen verbringen. Oder mit Sitzen. ZAZEN ist offenbar sehr beliebt bei den Tieren. Insbesondere bei Hühnern.

Es gibt auch den Kampf. Ja, zweifellos. Jedoch guckst du genau hin, ist selbst er nur ein Spiel. Schau der Katze zu, bevor sie der Maus ins Genick beißt. Nein, bitte, wende dich nicht von diesem „grausamen" Spiel ab! Denn so ist das Leben. Genauso. Du aber guckst nur dahin, wo die süßen Kätzchen nur schnurren. Dabei lernst du jedoch nur etwas über die helle Seite des Lebens.

Hirsche kämpfen und tun sich oft genug dabei weh. Rechte Machos sind das. Sie wollen den Harem für sich. Sie gönnen ihn keinem anderen. Allerdings nur bis der Sieger feststeht. Dann wird nicht mehr gekämpft. Es ist aus und vorbei. Und der Verlierer geht seinen eigenen einsamen Weg. Die Wunde tut zwar noch weh, mit keinem Gedanken jedoch ist er noch bei dem verlorenen Harem oder dem verlorenen Kampf. Woher ich das weiß? Nun, ich bin eben mehr so ein Hirsch als das, was man unter einem zivilisierten Menschen versteht!

Du magst sagen: Ich kann aber meinen Traum nicht aufgeben! Lieber sterbe ich. Denn ohne ihn bin ich ohnehin tot! Mag schon sein das du so empfindest. Nur eins muss dir klar sein: Im natürlichen Zustand gibt's keine Träume im Traum! Im natürlichen Zustand gibt's nur den Traum, den wir Leben nennen. Und der ist zwar mitnichten immer schmerzfrei, in jedem Fall jedoch leidfrei.

Nur Tote irren sich nicht

Alles Lebende irrt sich: Wir halten für Glück, was Unglück bedeutet, und weinen über das Unglück, das gar keines ist. Wir alle kennen das Kind, dessen Tränen plötzlich einem Lachen weichen, wenn man ihm einen Keks hinstreckt. Was wir Menschen Glück nennen, ist nicht mehr als diese Freude über einen Keks.

Kodo Sawaki

Kodo Sawaki war wirklich ein ZEN-Meister nach meinem Geschmack. Ich kenne eine Reihe anderer authentischer ZEN-Leute aus der Literatur und von Tonträgern wie beispielsweise Shunryu Suzuki, Dogen Zenji, Zensho W. Kopp, Robert Baker Aitken Roshi, und den bekannten Autor Eugen Herrigel. Am tiefsten verbunden fühle ich mich jedoch Kodo Sawaki, der es zumeist glasklar auf den Punkt bringt wie auch in obigem Zitat.

Alles Lebende irrt sich? Wie meint er denn das? So wies da steht. Und das bedeutet in der Umkehrung: Nur Tote irren sich nicht! Ja, ich mach keinen Scherz. Wobei du nicht auf die Idee kommen solltest, sterben zu müssen. Total unnötig. Warum? Weil du schon tot bist. Du bist sozusagen eine Leiche, die noch nicht weiß, dass sie eine ist. Wenn du dir dessen bewusst wirst, ist es allerdings zu spät, deine schimärenhafte Lebendigkeit zu bewahren. Wer erst mal weiß, dass er tot ist, kann nur noch als lebender Toter existieren.

Schau, so knallhart ist nur ZEN. So etwas wirst du in Satsangs nicht hören. Und wenn doch ist es in jedem Fall kein typischer Satsang. Denn der typische Satsanglehrer streichelt die Seele und hofft darauf, dass sie durch göttliche Gnade „erwacht".

ZEN verweist darauf, dass du tot bist und ZAZEN[40] erscheint als die geeignete Praxis um genau das zu bestätigen. Da sitzen sie, als wären

---

[40] Zazen (jap. 座禅 *zazen*) ist das japanische Wort für *Sitzmeditation*.

sie tot. Nicht um zu sterben. Sondern um zu bestätigen, dass sie tot sind. Das ist jedenfalls meine Interpretation.

Man muss aber nicht notwendigerweise ZAZEN praktizieren, um als lebender Toter zu existieren. Man muss nur verstehen: Ich bin schon gestorben! Denn was kennzeichnet denn Lebende? Das Ich natürlich. Oder besser: Die Ich-Illusion.

Weil du durch die Gegend läufst, dich bewegst, glaubst du: Ich bewege mich. Also lebe ich. Das ist der Trugschluss. Und aus ihm resultieren alle weiteren Trugschlüsse bzw. Irrtümer über das Leben. (Zum Beispiel die Meinung darüber was Glück ist)

In Wahrheit wirst du bewegt! Wer aber bewegt werden muss, um vom Fleck zu kommen, der muss mausetot sein. Denn nur Tote „werden" bewegt.

Da wo nichts ist, ist alles

Alle Buddhas und alle Lebewesen sind nichts als der Eine Geist, neben dem nichts anderes existiert. Dieser Geist, der ohne Anfang ist, ist ungeboren und unzerstörbar. Er ist weder grün noch gelb, hat weder Form noch Erscheinung. Er gehört nicht zu der Kategorie von Dingen, die existieren oder nicht-existieren. Auch kann man nicht in Ausdrücken wie alt oder neu von ihm denken. Er ist weder lang noch kurz, weder groß noch klein, denn er überschreitet alle Grenzen, Maße, Namen, Zeichen und Vergleiche. Du siehst ihn stets vor dir, doch sobald du über ihn nachdenkst, verfällst du dem Irrtum. Er gleicht der unbegrenzten Leere, die weder zu ergründen noch zu bemessen ist. Der Eine Geist allein ist Buddha, und es gibt keinen Unterschied zwischen Buddha und den Lebewesen, nur dass diese an Formen festhalten und im Außen die Buddhaschaft suchen. Durch eben dieses Suchen aber verlieren sie sie. Denn sie benutzen Buddha, um Buddha zu suchen, und benutzen den Geist, um den Geist zu erfassen. Selbst wenn sie ein Äon lang ihr Äußerstes leisten würden, sie könnten die Buddhaschaft doch nicht erreichen. Sie wissen nicht, dass ihnen in dem Augenblick, in dem sie das begriffliche Denken aufgeben und ihre Unruhe vergessen, Buddha erscheinen wird; denn dieser Geist ist Buddha, und Buddha ist alle Lebewesen. Er ist nicht kleiner, wenn er sich in gewöhnlichen Dingen, noch größer, wenn er sich als Buddha manifestiert.

Huang Po[41], Der Geist des Zen

Ich weiß nicht wie es dir ging, als du diese Worte gelesen hast. In mir war nur ein Aaaaaaaa. Ja, ja, ja, Aaaaaaaa. Hochgenuss! Muss man diese Worte interpretieren, erklären?

---

[41] **Huangbo Xiyun** (chinesisch 黃檗希運 Huángbò Xīyùn, W.-G. *Huang-po Hsi-yün*; jap. Ōbaku Kiun; † 850) war einer der größten chinesischen Chan-Meister und Lehrer von Linji Yixuan (jap. Rinzai Gigen) und somit auch Wegbereiter des chinesischen Linji-Chan und des japanischen Rinzai-Zen. (Wikipedia)

Es geht nicht um Arbeit. Es geht um Aufgabe. Und solange das nicht geschieht, kannst du den Mount Everest der Erkenntnis besteigen, du kommst niemals an.

Wissen ist Kot. Wirklich. Wissen ist ein stinkender Misthaufen. Und nur eitle Gockel wirst du auf einem solchen finden. Die krähen da oben drauf, als wären sie stolz drauf ganz oben angekommen zu sein. Der Gestank scheint ihnen dabei gar nicht aufzufallen. Sie fühlen sich auf dem Gipfel der Erkenntnis und daher erhaben. Sie haben die Wahrheit erkannt. Ha, ha, ha, hi, hi, hi. Und ho, ho, ho, Huang Po!

Wissen ist eine Lachnummer, wenn's um den einen Geist geht. Der wird weder erdacht noch erfühlt. Der eine Geist ist jenseits allen Mentalen und Emotionalen. Der eine Geist ist eine ganz andere Nummer. Selbst die Null wird ihm nicht gerecht. Denn er beinhaltet alle Zahlen, ohne eine unter ihnen zu sein. Und nun krieg das mal in dein kluges Gockelköpfchen.

Vergiss es, dein kluges Köpfchen. DAS wird da nicht gecheckt. Frag mich aber nicht wo es denn gecheckt wird, denn wenn ich etwas über die Örtlichkeit sagen könnte, würde ich mich als Scharlatan erweisen.

Die Örtlichkeit spielt ebenso keine Rolle wie die Verortung. Am Ende bleibt nur diese Aaaaaaaa. Ebenso gedehnt wie genussreich. Aaaaaaaa. Jedoch nicht nur beim ZaZen. Also dem Sitzen des schwarz gewandeten Huhns auf der Stange. Nein. Jetzt. Hier. Bei dem was du gerade machst. Und sei es beim Anzünden einer Zigarette. Oder beim Fluchen, weil du Tee verschüttet hast. Oder während du über deinen Chef murrst und ihn ein riesengroßes Arschloch heißt. Innerlich freilich, du willst ihn ja nicht verlieren, deinen Job, auf den Chef könntest du freilich verzichten.

Auch dabei also: Aaaaaaaa?

Was hast du denn gedacht? Das der eine Geist nur bei den Hühnern auf der Stange sitzt? Dass er irgendeine Voraussetzung braucht, irgendeine Bedingung?

Glaubst du das, ist es der Beweis, dass du im begrifflichen Denken feststeckst. Unruhe ist das Ergebnis begrifflichen Denkens. Selbst wenn du begreifst, greifst du, und solange du greifst, bist du nicht ergriffen.

Es gibt nur den einen Geist. Es gibt dich überhaupt nicht. Und der eine Geist ist was du zu sein scheinst. Du armes Würstchen bist der eine Geist. Du Hosenscheißer. Du Riesenarschloch! Fühlst du dich beleidigt durch solche Worte? Ich nicht. Du kannst mich mit noch weitaus übleren Namen bedenken, stimmt alles und doch bin ich und bist du der eine Geist.

Nichts ist nicht der eine Geist.

So erhaben er ist, so sehr erniedrigt er sich. Er wird Hühnerkacke. Er lässt sich zu einem römisch-katholischen Papst pervertieren. Er macht mit bei den ihm zujubelnden Massen, als wäre er es, obgleich er nichts von dem ist. Er ist was du bist und gleichzeitig nichts von all dem.

Der eine Geist ist alles und nichts. Wie könnte das Ungreifbare und Unbegreifliche vom begrifflichen Denken erfasst werden? Unmöglich. Jeder Versuch müsste scheitern.

Nachdenken über den einen Geist, das ist wie Lunge, die als Herz schlagen möchte. Oder Herz, das der Atmung sagt: Ich übernehme, ruh dich mal aus! Du würdest sterben. Und genau das passiert, wenn das begriffliche Denken über den einen Geist einsetzt. Im übertragenen Sinn freilich. Denn der eine Geist stirbt freilich nicht. Er ist unzerstörbar. Und doch wirst du dich wie tot fühlen. Denn obgleich der Mind (auch) nichts als der eine Geist ist, ist der eine Geist nicht im Mind. Der Mind ist zum Kartoffelschälen geeignet, zum Autofahren, Anbandeln, Smartphone erfinden und Atombomben bauen, den einen Geist fasst er nicht. Er kann ihn nicht mal berühren. Versucht er's, greift er nämlich ins Leere. Und glaubt: Ach herrje, da is ja nix!

Mann oh Mann, ist das lächerlich. Da isser am Ursprung von allem und sagt sich, dass da ja nix ist und dreht wieder um! Da isser direkt in der Essenz und glaubt sich verirrt zu haben. Und er kehrt zurück zu den Dingen, die er zu erfassen, beschnüffeln, ertasten, erfühlen vermag. Back zum Greifbaren halt. Das Un(be)greifbare jedoch ist der eine Geist. Da wo du nichts finden kannst, wirst du gefunden. Und da wo nichts ist, ist alles.

Reine Verschwendung

Alles was wir tun ist umsonst. Alles was wir bekommen ist umsonst. Der Regen fällt umsonst, die Sonne strahlt umsonst. Die Sonne schickt uns keine Rechnung für ihre "Solarenergie". Was ist da schon dabei, dass wir nichts in den Tod mitnehmen können? Die Rechnung ist beglichen, fertig, aus! Was ist schon groß dabei, wenn du am Ende wie ein Köter am Straßenrand stirbst? Ich habe mein ganzes Leben mit der Absicht gelebt, schließlich wie ein Köter zu verrecken. Ich habe mein ganzes Leben an Zazen verschwendet. Alle versuchen dem Menschenleben noch etwas hinzuzufügen – darin liegt ihr Irrtum.

Kodo Sawaki

Dem Leben etwas hinzufügen wollen! Wenn's überhaupt ein Problem gibt, das diesen Namen verdient, dann ist es das. Nur das. Das ganz allein. Leiden hat ausschließlich hier seine Ursache. Du willst mehr als das Leben hergeben will. Ich mein natürlich dein Leben. Oder das Leben, wie es sich (dir) darstellt.

Das Prinzip ist so einfach wie wirkungsvoll. Solltest du nicht in der Lage sein, unfähig sein, dich an ihm auszurichten, wirst du dein Leben lang leiden. Und es wird dir nichts nützen, wenn du darauf verweist, dass du ja doch gar nicht anders kannst! Weil der freie Wille Illusion sei. Ulkige Argumentation. Denn sie befreit nicht vom Leid, sie verteidigt es.

Alles was wir tun ist umsonst. Das lässt mich jubeln!

Wozu schreibe ich diesen Text? Reine Verschwendung! Wozu hielt ich gestern einen Vortrag? Wiederum: Nur Verschwendung. Wozu scheint die Sonne? Um sich zu verschwenden. An die Erde. Wozu? Für nix und wieder nix.

In vielen Wesen löst diese Sicht der Dinge Depression aus. Ach, wenn alles umsonst ist, kann ich mir doch gleich das Leben nehmen! Na, wenn's denn so einfach wäre! Versuchs doch mal, hätte ich beinahe gesagt! ☺

Der Sawaki zog eine andere Konsequenz aus der Einsicht, dass alles umsonst sei. *Ich habe mein ganzes Leben mit der Absicht gelebt, schließlich wie ein Köter zu verrecken. Ich habe mein ganzes Leben an Zazen verschwendet.*

Während Retreats sitzen ZEN-Leute bis zu 8 Stunden täglich. Natürlich mit kurzen Pausen. Die Beine schlafen ein. Der Arsch tut weh. Du magst sagen: Wozu nur? Man kann doch sinnvollere Dinge tun?

Ich sitze kaum einmal mit halbgeschlossenen Augen, obgleich ich dies über viele Jahre täglich praktizierte. Manchmal passiert es von selbst. Ich sitze da und finde mich meditierend. Dabei habe ich natürlich kein Ziel. Ich sitz da wie ein Huhn auf der Stange. Nur das ich eben nicht gackere. Und auch kein Ei leg. Sinnvoller aber als etwas anderes ist nichts.

Je klarer das wird, desto abgeklärter wirst du. Abgeklärtheit hat jedoch mit Resignation so viel zu tun wie eine Sau mit ner Kuh. Beide sind Viecher, aber sonst haben sie doch überhaupt nichts gemeinsam.

Resignation beweist, dass du noch lebst! Quicklebendig bist. Ein Toter fühlt nichts mehr.

Kürzlich weinte ich bitterlich während einer Filmszene. Die war einfach derart berührend. Hättest du mich dabei beobachtet, hättest du mich auf manch eine Textstelle hingewiesen, in welcher ich behaupte, jenseits aller Gefühle zu sein. Du kannst jedoch nur das Äußere sehen. Du kannst nicht in mich rein sehen oder gar fühlen. Und da drinnen ändert sich nichts. Es ist und es bleibt vollkommen leer. Nicht etwa kalt. Wie ein eisiger Ort in Sibirien. Komisch, dass wir Leere immer mit Kälte verbinden. Oder gar mit Langeweile.

Leere bedeutet nicht, dass du dich leer „fühlst". Würdest du dich leer fühlen, wärst du bis zum Rand voll. Nur voll vermagst du dich leer zu „fühlen". Bist du leer, befindest du dich jenseits aller Gefühle. Und wenn ich es auf den Punkt bringen soll, bedeutet es schlicht, dass der, der Gefühle hat, der also meint, Gefühle zu fühlen, dass eben der fehlt. Denn Gefühle sind freilich weiterhin vorhanden.

Hier ist nach wie vor der Dreh- und Angelpunkt eines leidlosen, wenngleich auch als reine Verschwendung erscheinenden Lebens.

Gestern Abend während der Fragen nach meinem Vortrag wurde dieser Dreh- und Angelpunkt geradezu handgreiflich. „Ich kann doch wählen, ich kann doch entscheiden, ich muss mich sogar entscheiden, ich kann doch nicht einfach nichts tun." (Der Vortragstitel lautete: Gar nichts tun und alles erreichen) Wählen gibt's, antwortete ich, jedoch keinen Wähler. Die Fragende verfiel nun in eine Art Panikstimmung. Ich konnte den inneren Kampf der Ich-Illusion, die um ihr Dasein kämpfte, körperlich spüren!

Wenn du dem Leben etwas hinzufügen möchtest und in Panik gerätst, wenn du merkst, dass es womöglich unmöglich ist, ist die Ich-Illusion springlebendig. Es geht aber nicht etwa darum, wunschlos zu werden. Wenn mir die gute Fee erschiene und mir die Erfüllung von drei Wünschen anböte, kriegte ich die problemlos zusammen. Ich würde jedoch nicht panisch werden, würden sie mir bis zur Bahre verweigert.

Du atmest. Dein Herz schlägt. Das Blut wird durch deine Adern gepumpt. Du siehst, hörst, schmeckst, riechst, liegst, läufst und sitzt. Ohne das du irgendwas tust.

Das sollte genügen.

Kein Akt des Intellekts

Du beklagst dich über deine Gedanken... Aber ist es nicht ganz natürlich, dass du dir dein ganzes Leben lang Gedanken machst? Es ist nicht nötig, diese Gedanken für "störend" zu erklären und zu versuchen, sie zu tilgen. Es ist auch nicht nötig, diese Gedanken für etwas besonders Wichtiges zu halten. Lass diese Gedanken einfach so sein, wie sie sind. Wenn sie kommen, lass sie kommen. Du darfst bloß nicht nach ihnen greifen, um einen Gedanken aus dem nächsten fortzuspinnen – so wirst du dich nur in deinen Gedanken verlieren. Wenn du nur damit aufhörst, werden sich deine Gedanken von alleine wieder auflösen. Wenn sich ein Gedanke auflöst, taucht sofort der nächste auf. Solange du dich nicht mit ihnen beschäftigst, verschwinden alle deine Gedanken ohne irgendwelche Spuren zu hinterlassen. Und wie aus dem Nichts heraus erscheinen neue Gedanken an der Oberfläche deines Bewusstseins.

Kodo Sawaki

Wenn einer sitzt, wird die anhaltende Gedankenproduktion womöglich klarer gesehen. Und denkbar wäre zudem, dass man sie einfach nur vorhanden sein lässt, unabhängig vom Inhalt. Das ist außer dem Entspannungseffekt der einzige Wert, dem ich heute Zazen[42] beimessen kann.

Ist dir nicht klar, dass Gedanken ebenso unabhängig von dir entstehen wie Autogase oder Maiglöckchen, wirst du ihnen Bedeutung beimessen. Dein Blick wird von etwas Schönem angezogen, dem Blick folgt Begehren und dem Begehren der Eindruck: Was würde ich darum geben, von ihr/ihm geliebt zu werden! Und diesem Eindruck folgt dann, dass sich dies wohl niemals ereignen wird und darauf wiederum folgt Frust, Traurigkeit, Resignation oder gar Depression. Und wenn

---

[42] **Zazen** (jap. 座禅 *zazen*) ist das japanische Wort für *Sitzmeditation*. (Wikipedia)

sich diese Reihenfolge von Eindrücken oft und lange genug ereignet, wirst du ein außerordentlich scharfes Messer brauchen, um diese Ereigniskette möglichst schon ganz zu Beginn zu durchschneiden.

Die meisten Menschen glauben ihren Eindrücken, halten sie deshalb für wahr. Und das allein ist der Grund, weshalb sie von ihnen versklavt sind und leiden. Glaubst du ernsthaft, in dem Mönch Sawaki wäre nie Begehrlichkeit entstanden? Es gibt keinen einzigen Menschen, der zölibatär leben könnte! Nicht einmal jene, die kastriert wurden, spüren keine Begehrlichkeit mehr.

Die Frage ist nicht ob du begehrlich bist, egal ob es sich um Zuneigung, Sex, Geld, Macht, Ansehen, Erfolg, Erleuchtung oder sonst was handelt, die Frage ist, ob du glaubst du seist was du denkst. Denn du bist natürlich was du denkst. Jedoch nur dann, wenn du glaubst, dass du denkst, was du denkst.

Du denkst aber nicht! Das ist das wahre ZEN. Ob mit oder ohne Zazen. Das wahre ZEN[43] ist das Bewusstsein Gewahrsein zu sein, in dem alles erscheint, auch die Person, auf dessen Namen du hörst, wenn er gerufen wird. Jedoch nicht in der Weise, wie du vielleicht meinst.

Gewöhnliche Menschen blicken auf ihre Umgebung, während Schüler des Weges auf das Bewusstsein blicken. Der wahre Dharma aber ist, dass man beides vergisst. Huang Po.

Genau. *Unbewusst bewusst* bleibt jedoch, dass niemand denkt, niemand Eindrücke hat, niemand begehrlich ist, niemand nicht erhält, was er begehrt und niemand erhält, was er begehrt. Ist das einmal klar, löst sich die fiktionale Identifizierung mit ihren fiktiven Eindrücken auf und du bist von ihr frei! Von ihr, nicht von der funktionalen Identifizierung. Die erkennst du vor allem daran, dass sie leidfrei ist. Funktionale Identifizierung dient immer dem Leben, fördert es, bringt ihm natürlich auch Genuss, jedoch ohne Reue oder schlechtes Gewissen.

Die Unterscheidung zwischen fiktionaler und funktionaler Identifizierung ist kein Akt des Intellekts. Es ist das Ergebnis der Klarheit,

---

[43] ZEN: Eigentlich Mediation, jedoch letztlich eine Sichtweise, die das ganze Leben umfasst.

dass Gedanken ohne Denker, Eindrücke ohne Beeindruckten geschehen. Beindrucken kann mich überhaupt nichts, egal was manifest wird. Warum? Weil der, der beeindruckt werden kann, in meiner Wahrnehmung fehlt. Welt erscheint an der Oberfläche des Bewusstseins. Allein der Glaube an den Beeindruckten lässt die Eindrücke so ungeheuer kraftvoll erscheinen, als besäßen sie Tiefe. Ist er als Schimäre enttarnt, bist du (sozusagen) in der Tiefe des Bewusstseins verankert. Daher spreche ich von stabilem nondualen Bewusstsein. Es weicht keinem Eindruck, und sei er noch so eindrücklich.

Wenn du vom Leiden ein für alle Mal befreit werden willst, anstatt in dieser trüben Suppe zu schwimmen, musst du ihre Quelle aufsuchen. Dort wirst du zu deiner größten Verwunderung entdecken, dass sie überhaupt nicht existiert. Es gibt nur eine Quelle und aus ihr sprudelt das Wasser puren Lebens. Die trübe Suppe entsteht, weil und solange sich denken kann, man sei der Denker seiner Gedanken. Bemerkt man jedoch, dass genau das unwahr ist, dass niemand denkt, was sich denkt, trübt sich das Wasser des Lebens nicht mehr. Es ist frisch, klar und voller Genuss. So wie es ist und schon war, bevor dir der Denker ins Gehirn geschissen wurde. Ist er enttarnt, wird er mit dem klarem Wasser der Quelle im Abort runtergespült und kann daher nicht einmal mehr ein Wässerchen trüben.

So lachen nur Tote

Denke einmal vom Standpunkt des Todes über die Dinge nach. Ein Toter macht sich keine großen Gedanken. Alle Probleme lösen sich auf, wenn du aufhörst, dir den Kopf zu zerbrechen. Zazen bedeutet, in den eigenen Sarg zu steigen: Da gibt es nichts mehr zu diskutieren. Wenn du sitzt, stell dir vor, du seist schon tot.

Kodo Sawaki

Gut gebrüllt Löwe! Und für Kodo war das Realität. Er wusste wovon er sprach. Der Spirit eines Toten ist nämlich unnachahmlich. Wenn du aber den Versuch unternimmst, diese Realität nachzuahmen, wirst du mit 100%iger Sicherheit scheitern.

Tot zu sein bedeutet in diesem Kontext nicht, nicht mehr zu existieren! Im Gegenteil: Diese Toten sind springlebendig. Sie sind dergestalt tot, dass sie zwar Trauer kennen, Tränen erfahren, Schmerz erleben, Lachen natürlich und wonnevolle Momente, jedoch keinen, auf den sich all das, was erfahren wird, beziehen lässt. Der Bezugspunkt ist mausetot. Mehr als tot. Denn er kann nicht mehr auferstehen.

Deshalb habe ich Martin im LMC empfohlen, zu weinen, wenn's hoch steigt. Kodo meint nicht den Tod nicht mehr weinen zu können. Wenn du nicht mehr weinen kannst, ist deine Menschlichkeit gestorben. Das wäre jammerschade.

Weinen und Lachen ist Teil des Menschseins. Wenn ZEN zu einer ernsten Sache wird, ist es keins. Es handelt sich lediglich um ein aufgesetztes Verhalten.

Der einzige Tod, der nicht stinkt, ist der der Ich-Illusion. Dieser Tod duftet sogar nach Parfüm. Riech einmal an einem gefällten Baum. Wie wundervoll das Holz am Schnitt duftet. Aaaaaaaa! Welch ein Wohlgeruch!

Selbst wenn geweint und getrauert wird, duftet es, wenn es sich einfach nur um Ereignisse handelt. Weinen als Ereignis kann in einer

Millisekunde in Lachen umgekehrt werden. Daran magst du das Weinen eines Toten erkennen. Es haftet nicht. Es hat keinerlei Klebkraft.

Im Grunde ist jede Empfehlung, auch die von Herrn Sawaki, absurd! Denn wir empfehlen Methoden, von denen wir genau wissen, dass sie nichts ausrichten können. Da sitzt eine junge Dame neben mir im LMC und erzählt uns auf sehr anrührende Weise von ihrem schweren Schicksal als Kind und Jugendliche. Ich hör es mir an und versuche anschließend durch Überprüfung der Lebensfunktionen zu klären, dass sie im Grunde die Bühne ist, auf der das ganze Theater sich abgespielt hat. Währenddessen ist mir schon klar, dass kein Verstehen vorhanden ist. Ich spreche in ein Fass, das keine Kapazität hat, das aufzunehmen, worüber ich so trefflich referiere. Ich könnte abbrechen, mache aber weiter. Tu weiterhin so, als könne Verstehen stattfinden.

Es findet aber nur statt wenn und wann es stattfinden soll. M. sitzt seit Jahren auf einem der Stühle und jammert darüber, dass sie das, was andere bezeugen, nicht zu erfahren vermag. Sie richtet sich darauf ein, ihr Rentenalter damit zu verbringen, die spirituelle Suche zu intensivieren. Sie sitzt im vorletzten LMC auf dem „heißen Stuhl" und ich vermag meinen Ohren nicht zu trauen. Meinen inneren freilich. Denn es ist nicht nur das, WAS jemand sagt. Es ist der Spirit, den ich vernehme. Da ist Klarheit. Ganz offensichtlich. Es war nicht zu überhören und zu übersehen. Es ist der Duft eines gefällten Baumes, der mir in die Nase steigt. Da ich sie schon so viele Jahre erlebe, bin ich dabei nicht euphorisch. Mal sehen, ob es nicht wieder kippt. Sie ist wieder da letzten Samstag und öfter als einmal schweift mein Blick zu ihr hin. Manchmal ohne dass ich es will, denn sie bricht in Lachen aus, obgleich sonst niemand lacht. Und ihr Lachen steckt andere an, weil nur Tote derart ansteckend lachen. Sie lachen über ihren eigenen Tod und sie weinen mit denen, die aus welchen Gründen auch immer weinen.

Paulus hat das (absurderweise) empfohlen: Lacht mit den Lachenden und weint mit den Weinenden[44]. Doch die Empfehlungen bleiben wirkungslos, wenn sie sich nicht in der Lebenspraxis *ereignen*.

---

[44] Römerbrief 12:15

Zazen bedeutet, in den eigenen Sarg zu steigen.
Das wahre Zazen hat nichts mit einer Körperhaltung zu tun. Es ist keine Übung. Es bedeutet gefällt zu werden. Die Axt muss scharf sein und der Baum auserwählt. Nicht alle Bäume im Wald werden gefällt. Ob du glaubst dazu zu gehören oder nicht, ist der Axt egal. Sie wird den Baum fällen, der bezeichnet ist. Und darin hat sie keine Wahl. Ebenso wenig wie der Baum. Ja, du wirst in deinen eigenen Sarg steigen müssen. Solange jedoch einer da ist, der meint das zu können oder nicht zu können, bleibt der der Sarg leer. Bist du jedoch rein gestiegen, liegt erst recht keiner drin. (Ups, da haben wir doch ganz spontan und ungewollt ein KOAN[45] formuliert.)

---

[45] Paradoxie, die nicht durch rationales Denken aufgelöst werden kann.

Die Chamäleon-Natur der fiktiven Welt

Ich bin wie ein Chamäleon: Wenn ich im Zug sitze, mache ich ein grimmiges Gesicht, damit mich die Kinder nicht beim Nickerchen stören. Ihr könnt euch vorstellen, was die für ein überraschtes Gesicht machen, wenn ich ihnen dann beim Aussteigen freundlich zulache und sage: "Ich wünsch euch noch eine schöne Reise."

Kodo Sawaki

Wenn du die Welt als Theater betrachtest, fällt es dir nicht allzu schwer, (d)eine Rolle zu spielen. Wir alle sind wandlungsfähige Chamäleons, nur fällt uns das zumeist gar nicht auf. Wir haben uns so sehr an unsere „Hauptrolle" gewöhnt, dass wir glauben zu sein, was sich jeweils spielt.

Der Körper, den du im Spiegel betrachtest, ist nur einer unter tausend anderen Körpern, die womöglich täglich in dein Blickfeld geraten. Der Unterschied ist rein perspektivisch, nicht essentiell. Heißt: Was als *mein* Körper erscheint, wird nur deshalb zu *meinem* Körper, weil die Perspektive, mit der ich ihn wahrnehme, eine andere als die ist, mit der ich andere Körper wahrnehme.

Wann immer ich meinen Körper (ohne Spieglein, Spieglein an der Wand) wahrnehme, blicke ich an ihm herunter, und so erscheint er mir kopflos, im besten Fall kann ich durch Schielen den Nasenrücken wahrnehmen. Auch den anderen Rücken (den überm Hintern) bekomme ich kaum einmal zu Gesicht. Ich wüsste nicht einmal um ihn, wenn ich ihn nicht an anderen Körpern wahrnehmen würde, um darauf schließen zu können, dass ich wohl auch einen habe. Darüber hinaus spüre ich in den Körper, den ich als meinen bezeichne, hinein und merke daher, wenn etwas zwickt oder zwackt, spüre Begehrlichkeit oder Appetit, Müdigkeit oder Vitalität. Und weil das so ist, fällt es uns leicht zwischen meinem und deinem Körper zu unterscheiden und schließlich daran zu glauben, dass es tatsächlich einen Unterschied zwischen deinem und meinem Körper gibt.

In Wahrheit unterscheidet sich nur eins: Die Art der Wahrnehmung. Was uns eint ist die Wahrnehmung an sich. Denn mit jedem Lebewesen wird schließlich wahrgenommen. Selbst dann, wenn ein oder mehrere Sinnesorgane ausfallen.

Das, was wahrnimmt, ist stets das was wahrnimmt. Das, was wahrnimmt, unterscheidet sich ebenso wenig wie die Linse einer Kamera, die die verschiedensten Objekte aus den verschiedensten Perspektiven einfängt. Ob mit Zoom oder Weitwinkelobjektiv. Ob von links oder rechts, unten oder oben.

Wenn du leidest, wird das was vor der Linse erscheint mit der Linse verwechselt. Das ist die simple Erklärung jeder Misere.

Weil das nicht erkannt wird, wechselt man die Umgebung. Wobei nicht zwingend die äußere Umgebung gemeint ist. Esos wissen, dass die Außenwelt die innere nur spiegelt und verändern daher vor allem die innere. Durch Kurse in Wundern zum Beispiel. Oder Meditation. Das Rezitieren eines Mantras. Klopfkurse. Umwerfkurse, auch Matrix genannt. Affirmationen. Selbsthypnose. Entspannungskurse. Rebirthing. Rückführung in frühere Leben. Traumdeutung. Astralwanderung. Deeksha. Satsang. Stille-Retreat. Transformationskurse durch allumfassendes oder bedingungsloses Lieben. Zazen. Gebet. Mandala legen. Hab ich was vergessen? Ganz sicher, aber du weißt vermutlich ohne die gesamte Aufzählung worauf ich hinaus will.

Gegen all diese Spiele spricht ebenso wenig wie gegen Mensch ärgere dich nicht, Fang den Hut, Halma, Mühle, Schach, Baseball, Football, Eishockey oder Bungee-Jumping. Irgendwas muss mensch ja machen. Untätig rumliegen kann er nur eine Weile. Dann muss er was tun, muss aktiv sein. Selbst die Arbeit, der Job ist letztlich ein Spiel unter anderen Spielen: Das sogenannte Existenzsicherungsspiel. Dass es nicht zwingend nötig ist um zu überleben beweisen uns jene Zocker, die mit Geld spekulieren und täglich Millionen und Milliarden verschieben.

Um Leid zu beenden jedoch hilft jedes Spiel nur temporär. Solange du abgelenkt bist von der fiktiven Identifizierung mit dem was jeweils erscheint. Egal was es ist.

Wird die Chamäleon-Natur der fiktiven Welt durchschaut (und das ist kein Hexenwerk, sondern vor allem auf Logik begründet), kannst du wie Kodo Sawaki aus funktional wichtigen Gründen (um nicht gestört zu werden zum Beispiel) ein grimmiges Gesicht aufsetzen. Und anschließend ein lachendes. Denn kein Gesicht, das du machst, bist du wirklich. Du hast gar kein Gesicht. Du bist demnach gesichtslos. Und auch geschichtslos. Sogar selbstlos, du wirst es nicht glauben. ☺

Der eingebildete Kerl

Beim Lesen Deines gestrigen und heutigen Textes stellten sich mir folgende Fragen: Da es nichts anderes als Wahrnehmung gibt, ist ja auch fiktionale Identifizierung nichts weiter, als ein Ereignis, das wahrgenommen wird.

Ja, aber dennoch fiktional und es erscheint nicht mehr, wenn es als Fiktion durchschaut ist.

Dass der Körper mittels Appetit sich etwas zu essen verschaffen möchte, ist doch funktionaler Natur – inklusive das tatsächliche Reinschieben von Nahrung in den Mund. Doch da taucht unweigerlich auch die Frage nach der Beschaffung der Nahrung auf. Was soll/muss dafür getan werden, um gewisse Appetitansprüche befriedigen zu können. Soll ich überhaupt jetzt... oder eher später was essen? Mit noch mehr Gewicht fühle ich mich unwohl – was kann ich gegen weiteres Zunehmen tun?

Das denkt sich, ja. Und? Niemand da, **den** dieser „innere Dialog" beschäftigt oder der mit ihm beschäftigt ist. Hier ist der Knackpunkt.

Ist nicht jede Ernährungsweise, an die man sich hält – oder halten will – etwas Übergestülptes? Eine Fiktion?

Das will ja keiner. Abnehmen wollen gibt's, wenn sich des angefressenen Fettes entledigt werden möchte, der Abnehmer und Entlediger jedoch, er ist es, der fehlt. Und nur er ist es, der selbst so etwas Gewöhnliches wie Abnehmenwollen oder Ernährungsweisen, die dabei helfen können, zu einem Problem macht.

Und selbst jeweils auftauchende, aktuelle funktionale Bedürfnisse wie Appetit, Sex, Furzen, etc. werden aus unterschiedlichsten Gründen meist nicht sofort nach Gewahrwerden befriedigt. Letztlich jedoch tauchen alle diese Gedanken einfach nur auf. Da sie zumindest teilweise jedoch vermeintlich steuerbar sind (Diät, Fasten, in Gesellschaft nicht furzen, etc.), müsste man das Befolgen solcher Konzepte doch auch als aufgestülpt bezeichnen. Somit fiktional.

Nein, ganz und gar nicht! Konzeptionell wird übrigens nicht nur das, sondern im Grunde alles, wenn es den, der sie meint befolgen oder versagen zu können, noch in der Wahrnehmung gibt. Da ist niemand, der etwas befolgt oder nicht befolgt. Befolgen ist da, jedoch kein Befolger. Regeln sind da, derjenige, der sich daran hält oder nicht hält, jedoch, der ist Fiktion.

Das was tatsächlich da ist, wird zwangsläufig mit Konzepten überlagert und durchtränkt, oder etwa nicht?

Wenn keiner da ist, der etwas einhalten will, ist es gar nicht mehr nötig zwischen fiktionaler und funktionaler Identifizierung zu unterscheiden. Fiktion ist allein das fiktive Ich oder Selbstbild. Ohne diese Fiktion kann es keine fiktionale Identifizierung geben, denn er allein schafft es sich fiktional zu identifizieren.

Die ganze Sozialisierung, wo ein Mensch ausprobiert und lernt, wie weit er gehen kann, läuft doch ebenso weitgehend über den Verstand ab (so wird er ja letztlich durch die Umwelt und sich selbst konditioniert).

Das hört sich so an, als sei der sogenannte Verstand etwas Schlechtes. Weder der Verstand noch die Konditionierungen, die das Leben größtenteils automatisieren, sind abzulehnen. Einzig die Konditionierung, die die Persona aus dem Kontext heraustrennt und sie zu einer eigenständigen Persönlichkeit macht, die ist das Problem, das zum Leiden führt.

Doch auch das Aufgestülpte lässt sich nicht wirklich steuern (darum schrieb ich vorhin vermeintlich). Was sich leicht an den vielen dicken Menschen veranschaulichen lässt, die sich so unwohl fühlen, dass sie explizit abnehmen wollen, dies jedoch einfach nicht schaffen.

Das kann auch passieren, wenn das Ich als Fiktion durchschaut wurde. Mein Idealgewicht wird auch nicht Realität, obgleich sich immer wieder darum bemüht wird, wie du ja weißt. Aber da ist einfach keiner, der sich bemüht! Und daher ist auch das funktional. Du kannst fiktionale und funktionale Identifizierung nicht an bestimmten Aktivitäten festmachen. Die fiktionale Identifizierung entsteht einzig mit einem fiktionalen Kerl, der sich glaubt identifizieren oder entidentifizieren zu können bzw. zu müssen.

Auch wenn Du's schon mehrmals in anschaulichen Beispielen klar beschrieben hast, so habe ich dennoch Mühe – wie Du sicher unschwer zu erkennen vermagst – im praktischen Leben aus "eigener Sicht" zwischen funktional und fiktional unterscheiden zu können. Wäre es Dir möglich und scheint es Dir sinnvoll, den Unterschied zwischen „funktional" und „fiktional" noch aus einer weiteren Perspektive aufzuzeigen?

Du solltest es gar nicht erst versuchen. Denn wenn du es versuchst, ist es der beste Beweis dafür, dass das fiktionale Selbstbild noch da ist und sogar eine dominierende Rolle einnimmt. Grundsätzlich jedoch könnte man sagen, dass alles, was die Funktionalität der Persona garantiert bzw. nicht beeinträchtigt, funktionaler Natur ist. Und im Gegenteil alles, was deren Funktion behindert bzw. beeinträchtigt, fiktionaler Natur ist. Wenn man dieses „Konzept" aber anwenden will, wird man durcheinander geraten. Es ist nicht anwendbar, sondern lediglich dazu geeignet, Zustände zu beleuchten.

Gehe ich recht in der Annahme, dass auch das Fiktionale kein Problem darstellen könnte, wenn man sich nicht selbst damit ficken würde?

Nur, wie stellt man das ab? Respektive, was kann man tun gegen das unstillbare Verlangen, dies loswerden zu wollen?

Unstillbares Verlangen benötigt einen, der glaubt, er sei es, der unstillbar (nach etwas oder jemand) verlangt. Genau der jedoch ist Fiktion. Wird er als unpersönliche Konditionierung erkannt, als Mechanismus, an den sich das Gehirn lediglich gewöhnt hat, verliert die Fiktion ihre Kraft, löst sich auf.

Dass ich es nicht versuchen sollte, ist mir gefühlte mindestens 1000 Jahre lang schon klar. Allein dieses Versuchen, von dieser Last oder dem Leid loszukommen, illusioniert automatisch diesen „Versucher" herbei. Die Crux bei dem Ganzen jedoch ist, dass auch das Nicht-Versuchen, von ihm loszukommen, ebenso aus dem Versuch heraus geschieht, ihn loswerden zu wollen. Dieser elende Kümmerer scheint irgendwie ein stabilst integrierter Bestandteil jeglicher Wahrnehmung zu sein. Selbst wenn erkannt wird, dass nicht Erlösung angestrebt werden muss, sondern dass es nur dieses verdammte Sehnen nach Erlösung ist, was stört, so werde ich sogleich gewahr, wie sich hier bereits damit beschäftigt wird, das Sehnen nach dem Wunsch nach dem Sehnen nach dem Wunsch, etc. nach Erlösung loszuwerden.

Es geht ja auch weder um Aufgeben noch um Anhaften. Es geht ganz allein darum zu sehen, dass es sich um einen Mechanismus handelt.

Da ist einerseits ein tiefes Gefühl, tatsächlich den Spirit in Deinen Worten zu berühren und gleichzeitig andererseits die klare Empfindung, Lichtjahre davon entfernt zu sein. Eigentlich erfahre ich so einen geballten Widerspruch in jeder Wahrnehmung. Plus und Minus werden nahezu immer gleichzeitig erlebt. Das ist unglaublich anstrengend und lässt mich wie ein permanentes, vollkommen orientierungsloses Fragezeichen dastehen, das nicht die geringste Ahnung hat, was es will, mag, nicht mag, etc.

Das ist auch nicht das Problem. Die Crux ist jene Empfindung Lichtjahre entfernt zu sein, den geballten Widerspruch in jeder Wahrnehmung, die daraus resultierende Anstrengung, das orientierungslose Fragezeichen, das nicht die geringste Ahnung hat, als sich selbst in Szene setzenden Mechanismus wahrzunehmen, der mit dem was du bist, nämlich schlicht pures Gewahren all dessen, nicht das Geringste zu tun hat. Außer dass es auftaucht, erscheint. So what?

Beim Hinschauen mit der Frage „Wo ist der Täter?" lässt sich zwar nie ein klarer Täter finden – doch zugleich ist da ein diffuses, aber starkes Gefühl einer steuernden Wesenheit vorhanden.

Na und?

Dies ist das eigentlich permanent störende „Ich" mit dem die Empfindung einhergeht, ganz grundlegend falsch zu sein;

Na und?

etwas korrigieren zu müssen und sich schlecht darüber zu fühlen, diese Korrektur nicht hinzukriegen;

Na und?

diesen Störer weder aktiv, noch passiv loswerden zu können.

Na und?

Und genau durch diesen Mechanismus hält sich das Ganze unaufhörlich am Laufen.

Na und?

Es ist zum Verrücktwerden, nichts, kein Satz und kein Wort lässt sich ohne diesen sich um alles kümmern wollenden Störer formulieren!

Na und?

Also hör' ich auf und stoppe dieses ewige Drehen im eigentlich ewig gleichen Kreis.

Hier ist der Antrieb, der den Mechanismus weiter bewegt.

Im Bewusstsein allerdings, dass nach so einem Stopp wohl nicht mehr aktiv, allerdings jedoch passiv weiter gekreist wird als hoffender Hoffer... oder als abwartender Zuwarter... oder als... – ach dieses „Ding" scheint schneller seine Namen und Identitäten zu wechseln als sonst irgendwas...

Na und?

„Ich" mag doch schon sooooo lange nicht mehr – doch auch dieses Aufgeben kommt übers Versuchen ganz offensichtlich nicht hinaus; Aufgeben will sich einfach nicht komplett ereignen...

Wie auch, solange du es versuchst. Wie sollte ein Zahnrad ein anderes, in das es verzahnt ist, denn zum Stoppen bringen? Den gesamten Mechanismus als einen solchen erkennen und es interessiert einen feuchten Kehricht, ob er weiterläuft oder stoppt.

Leben ist Leasing

Wenn du ehrlich bist erwartest du eitel Sonnenschein, nachdem es Klick gemacht hat. Oder, wenn du weniger anspruchsvoll ist, wenigstens mehr davon als bisher. Doch du irrst dich gewaltig, wenn du glaubst, der Klick beinhalte die perfekte Lösung für das Unternehmen Leben.

Leben ist nicht perfekt. Irgendetwas hakt immer. Nie ist etwas wirklich vollendet. Gerade hast du ein Problem gelöst, erscheint schon ein neues. Glatt laufen die Dinge immer nur eine Weile. Dann erscheint ein Buckel und es ist normal ihn glätten zu wollen. Isser glatt, atmest du auf. Einen Tag, eine Woche, einen Monat, ein Jahr später (spätestens) kriegt die Ebene wieder ne Beule.

Man sollte meinen, dass die Lösung darin bestünde, sich irgendwann einmal mit den Buckeln arrangieren zu können. Doch wer mit dieser stoischen Lebensphilosophie Erfahrungen hat, weiß, dass man dabei lediglich gleichgültig und interesselos wird.

Es gibt keine perfekte Lösung. Das Leben ändert sich nicht. Es ist wie es ist. Und selbst diese Erkenntnis ist nicht befriedigend.

Du kannst die Naturgesetze der dualen Welt nicht aus den Angeln heben. Du wirst es vermutlich versuchen, jedoch elend scheitern. Viele sind noch nicht offen fürs Scheitern. Daher werden sie nicht einsehen wollen, wenn ich konstatiere, dass das Leben sich nicht zu ändern vermag. Sie nehmen mich als Schwarzmaler wahr und wenden sich an die Glücksversprecher, die Gaukler und Zauberer, die ihnen jene Tricks offenbaren, mit denen man Leben zu meistern vermag. Doch sie reden und schreiben nur davon. Tief im Inneren wissen sie genau, dass Glückseligkeit nur eine temporäre Erfahrung sein kann. Denn sie erfahren es ja. Geben es aber nicht zu. Sich selbst gegenüber nicht und natürlich erst recht nicht gegenüber ihren Kunden, die sie dafür bezahlen, möglichst glaubwürdig angeschwindelt zu werden.

Ich kritisiere ihr Verhalten nicht. Schon weil ich selbst genügend viele Erfahrungen mit ihm machte. Ich gehörte schließlich auch einmal zu der Branche der Gaukler. Und ich weiß daher, dass sie schlicht tun, was sie meinen tun zu müssen.

Worauf ich verweise ist ein innerer Zustand, der sich jenseits von Glück und Trauer, Erfolg und Misserfolg, Freude und Schmerz, Gut und Böse, Rechtschaffenheit und Betrug befindet. Nicht das diese beiden Seiten nicht mehr erfahren werden. Denn das Leben ändert sich ja nicht. Solange dein Körper aber täglich erscheint, ist dies der Beweis, dass du noch lebst. ☺

Ach wie gern würde ich diesen inneren Zustand erfahren! Ist es das was sich (in dir) denkt? Nun, dazu könnte ich dir zwei Dinge sagen. Erstens: Er ist nur (wolken)verhangen! Zweitens: Was ihn verhängt ist der Wunsch, dem Verhängnis zu entkommen.

Nun mag sich denken: *Aber wie krieg ich es weg?* Und ich antworte: Gerade diese Frage lässt das Verhängnis noch verhangener als zuvor erscheinen!

Und du denkst womöglich: *Was kann ich denn dann überhaupt tun?* Und mit genau dieser Frage bleibt er verhangen und das Verhängnis steigert sich womöglich noch um ein Vielfaches.

Raus, nix wie raus! Nix wie weg! Auf der Insel der Seligen leben! Weiter rauf! Tiefer runter! Irgendwo anders sein als gerade hier. Und genau dieser Wunsch wird zum Verhängnis.

Jenseits ist nicht woanders. Jenseits ist auch nicht "hier und jetzt". Jenseits bedeutet nur: Einsicht in die Unveränderlichkeit des Lebens. In seine Unvollkommenheit. Seine Brüchigkeit. Seine Vergänglichkeit. Seine Auswegslosigkeit. Seine Abhängigkeit.

Jenseits ist jedoch alles andere als ein Zustand der Resignation. Es ist weder Abfinden noch Einfinden, es ist gar kein Finden.

Es ist ein Lächeln auf der Titanic. Du weißt, dass du dem Untergang geweiht bist. Schon im Mutterleib schreitest du ihm unaufhaltsam entgegen. Leben ist Leasing. Du kannst es nicht kaufen oder gar besitzen.

Abgeklärt ist womöglich ein Wort, das den inneren Zustand zu beschreiben vermag, auf den ich verweise. Obgleich es natürlich einen schalen Beigeschmack hat, wenn es mit Kaltblütigkeit oder stoischer

Ruhe assoziiert wird. Womöglich berührst du den Spirit in diesen Worten. Dann wäre jede weitere Definition überflüssig.

Ich bin das was wahrnimmt

Kürzlich las ich, dass der Schauspieler Mario Adorf nach einem Autounfall zunächst und als erste Reaktion in den Rückspiegel sah, um zu sehen, wie einer aussieht, der dem Tod gerade von der Schippe gesprungen ist. Und er sah nichts Besonderes, sagte er weiter, auch keinen Schock. Und wenn er bei seinem Tod noch bewusst genug sei, was man ja nicht wissen könne, würde er genau das wieder tun, wahrscheinlich um lediglich festzustellen: so sieht also einer aus, der gerade stirbt!

Mir erging es ähnlich, als ich, etwa 23jährig auf der Reise nach Indien, in Lebensgefahr geriet. Es geschah in den Bergen der Türkei, auf eisglatter, unbefestigter Fahrbahn, als der Bus, in dem ich mit 7 weiteren Personen, auch meine 2jährige Tochter war dabei, ins Schlittern geriet und in den Abgrund zu stürzen drohte. Innerhalb von Sekunden hatte ich mit dem Leben abgeschlossen, und betete lediglich um einen schnellen und möglichst schmerzlosen Tod für uns alle, besonders jedoch für meine kleine Tochter.

Ich bin das was wahrnimmt. Nicht das was wahrgenommen wird. Das bin ich nur um überhaupt wahrzunehmen. Denn würde nicht wahrgenommen, bliebe das, was wahrnimmt, reines Potential um wahrzunehmen. Sich seiner überhaupt nicht bewusst. Was nicht weiter schlimm wäre, wie der nächtliche Tiefschlaf beweist. Da passiert einfach nichts. Und ist das etwa ein Drama?

Das Drama beginnt erst, wenn das, was wahrnimmt bzw. wahrzunehmen vermag, seine Fähigkeit zur Wahrnehmung unter Beweis stellt. Man nennt es lapidar "Aufwachen". Denn dann erscheint diese Welt. Gleichgültig wo sich der Körper, der dem, was wahrnimmt, als Wahrnehmungsinstrument dient, gerade aufhält. Gleichgültig auch mit welchen Empfindungen er gerade erscheint. Mit welchen Gedanken, welchen Eindrücken.

Das, was wahrnimmt, verändert sich nie. Um kein Jota. Es ist immer nur das was wahrnimmt. Und wenn das was wahrnimmt, wahrnimmt, dass es nur wahrnimmt, ist sofort Friede da. Selbst wenn im GeistKörper Unruhe herrscht oder Angst oder Traurigkeit oder Zorn oder Lust oder Beglückung. Das alles wird dann lediglich wahrgenommen. Man ist nicht verwickelt, involviert, eingebunden, eingeschnürt.

Kann man sich darin üben wahrzunehmen, dass man nichts als pure Wahrnehmung ist? Aber ja. Das ist wahres ZEN. Ohne zwingend wie ein schwarzes Huhn auf der Stange zu sitzen. Ohne die Disziplin verschränkter Füße, aufrechter Körperhaltung und halb geschlossener Augen. All das mag man tun, es ist jedoch nebensächlich, Zazen ist eine Besonderheit der Natur. Entscheidend ist, sich auf das einzulassen, was man wirklich ist. Es mag wie ein Rückzug empfunden werden, obgleich es keiner ist. Denn du bist es, du bist das, was wahrnimmt, ob bewusst oder nicht.

Als Rückzug erscheint es, wenn du in das, was wahrgenommen wird, involviert bist. So involviert bist, dass das, was du wirklich bist, zugunsten des Wahrgenommenen in den Hintergrund tritt. Und wenn das, was wahrgenommen wird, gerade dramatisch erscheinen sollte, mit entsprechend heftigen Empfindungen, dann erscheint es freilich wie ein Rückzug, wenn wieder bewusst wird, dass du dies alles nicht bist, sondern lediglich wahrnimmst.

Der Friede bzw. die innere Stabilität, die ich bezeuge und auf die ich verweise, ist nicht in der Welt der Ereignisse, Konzepte, Emotionen und Gedanken. Dort herrscht Dualität, Yin und Yang, Dunkel und Licht. Das, was wahrnimmt, ist non-dual. Daher ohne Wandel. Ohne die geringste Abweichung.

Die Übung besteht schlicht darin, hinter alle Erscheinungen zu treten. Hinter die Gedanken, hinter die Emotionen, Empfindungen, hinter die Person, hinter alle Konzepte. Man mag dabei die Augen schließen, es ist jedoch nicht zwingend notwendig.

Du als das was wahrnimmt bist schon dahinter. Nie davor. Nie da vorne auf der Bühne des Lebens. Dies kann nur so erscheinen, weil das was wahrnimmt zugunsten des Wahrgenommenen in den Hintergrund tritt. Das ist keine Sünde, sondern im Alltag vollkommen normal. Es kann gar nicht anders sein, um funktionieren zu können.

Was zum Problem wird und werden kann, ist, wenn nicht bewusst ist, was dabei geschieht: Das was wahrnimmt ist aktiv und nimmt daher jetzt tatsächlich und wirklich wahr! Daher erscheint Welt. Daher erscheint alles. Jede Form. Jedes Ding. Jede Bewegung. Jede Information.

> Das alles geschieht, weil das, was wahrnimmt, wahrnimmt.

Es hat sonst überhaupt keinen Grund. Es gibt für nichts einen Grund außer dem hier beschriebenen: Das was wahrnehmen kann, ist aktiv. Unter Strom sozusagen. Und schon passiert das Unfassbare: Welt entsteht. In einem Nu. Und zwar genau da, wo der Avatar gestern einschlief. Die gleiche Umgebung baut sich auf, die gleichen Personen erscheinen, die gleichen Identitätsmerkmale, die du schon gestern an dir und anderen bemerktest.

Meditation bringt außer dem Entspannungseffekt überhaupt nichts, wenn dabei kein Rückzug stattfindet. Hinein in das, was hinter den Phänomenen dafür sorgt, dass sie stattfinden können. Du wirst jedoch nie herausfinden, wie das geschieht. Und zwar schlicht aus dem Grund, weil das, was wahrnimmt, **so ist**, wie Welt erscheint, wenn es seine Fähigkeit zur Wahrnehmung wahrnimmt.

Gewahren, sonst nichts

Wenn ich sage: Da vorn und da hinten, ist das natürlich nicht wörtlich gemeint. Nie geschieht etwas anders als gewahren. Da wird immer nur wahrgenommen, was erscheint. Es wird nur nicht immer wahrgenommen, dass immer nur wahrgenommen wird. Das, was wahrnimmt, lässt sich sozusagen vom Wahrgenommenen vereinnahmen. So entsteht der Eindruck zu sein, was nur erscheint. Es ist nur ein Eindruck, niemals Realität.

Das ist objektiv betrachtet überhaupt kein Problem. Nur subjektiv eben. Im Erleben, in der Erfahrung. Als Beispiel dient uns wieder einmal ein Spielfilm, dessen Handlung dich dermaßen erfasst, berührt, einnimmt, dass du darüber völlig vergisst, auf der Couch zu sitzen und mit dem, was "da vorne" geschieht, nichts, aber auch gar nichts zu tun zu haben. Doch das ist dir während des Zeitraums, in welchem das Gewahren durch das Wahrgenommene "vereinnahmt" wird, schlicht nicht bewusst. Daher fieberst du mit dem Protagonist, der in Gefahr ist. Du spürst es körperlich, dein Herz zieht sich zusammen. Ganz so, als wärst du, was da vorne erscheint. Der Film geht zu Ende. Und du atmest auf. Weil du wieder bei dir bist. Auf der Couch. Ohne Gefährdung. Nichts ist (mit dir) passiert.

Das ist es, worauf ich seit Jahren verweise. Nur darauf. Mit tausenden von Texten, hunderten von Talks und Coachings. Freilich stets mit anderen Worten, Formulierungen, Metaphern, Beispielen, Ansätzen, Perspektiven. Wie könnte ich die Erscheinung sein, wenn die sich doch andauernd wandelt? Allein das Prinzip steter Wandlung müsste mich daran hindern, zu glauben, ich könne sein, was erscheint. Wie könnte ich denn etwas sein, das in jeder Minute älter und schließlich wie ein Film auf der Leinwand zu Ende gehen wird?

			x				

Wer erinnert sich noch an die Metapher, dass das Kästchen glaubt ein Kästchen unter anderen Kästchen zu sein? Vier Dimensionen bestimmen die Wahrnehmung eines Lebewesens: Länge, Breite, Höhe und Zeit. Und solange das, was wahrnimmt, darauf fixiert ist, kann es sich selbst unmöglich erkennen. Es ist in sich selbst gefangen. Und es ist auch nicht möglich, über die Linien hinauszugelangen. Diese Art der Transzendenz bleibt ihm verwehrt. Was hat Mensch alles unternommen, um die Begrenzungen des menschlichen Lebens zu transzendieren? Stets ist er dabei gescheitert. Religion – egal welche du betrachtest, alles Mummenschanz, Irrsinn. Transzendenz? Ach woher! Lediglich andere Begrenzungen wurden geschaffen.

Transzendenz geschähe nur dann, wenn das was wahrnimmt, sozusagen nach unten sehen würde. Auf die weiße Fläche, und damit die Begrenzungen der Kästchen als eine Art Gitternetz entlarven würde, die allein dazu dienen, damit das, was *potentiell* wahrnehmen kann, *aktuell* wahrnehmen kann.

Um aktuell wahrzunehmen, hat das, was wahrnimmt keine andere Möglichkeit als sich zu begrenzen und zu unterteilen. Es muss die grenzenlose Weite scheinbar aufgeben. Darin hat es überhaupt keine Wahl, sonst würde nichts existieren. Zwar existiert auch mit den unterteilenden Kästchen nichts (als weiße Fläche), aber zumindest scheint es so, als würde etwas existieren.

Was macht diese Metapher mit dir? Denn was solltest du mit dieser Perspektive denn "üben"? Wenn sie dich nicht "Aha, so ist das also!" ausrufen lässt, hat sie ihr Ziel verfehlt.

Es ist nur ein Sehen, nicht mehr. Klares Sehen transzendiert die Begrenzungen, die dich als Kästchen erscheinen lassen, nicht um sie zu tilgen, sondern zu entlarven. Kästchen bin ich nur (geworden), um wahrnehmen zu können. Nur dazu dient mir das menschliche Leben. Mann oh Mann, ich hab mich ganz schön beschummeln lassen. Hab doch tatsächlich wahrzunehmen vermocht, ich wär nur so ein in sich selbst gefangenes Kästchen unter unzählig anderen. Dabei dienen sie mir alle nur dazu um mein Potential zur Wahrnehmung entfalten zu können. Denn ich bin was wahrnimmt. Oh ich bin das was wahrnimmt! Welch ein Genuss. Welch eine Entspannung.

Ich bin leer. Und liebe bedingungslos.

Lieber werner, wieder bin ich hier und möchte dich von ganzen verzweifeltem herzen bitten mir etwas zu dem thema liebeskummer, ohnmacht, schrei nach geliebt zu werden und depression zu sagen, existenzangst. Dieser schrei und dieses unsagbare verlangen nach liebe und nähe, es schmerzt so sehr und lässt mich so in mir wer das auch immer sein mag gefangen sein. Ich fühle mich unfähig klar zu denken und zu fühlen... es zieht mich in einen strudel der angst und ich habe angst unterzugehen und durchzudrehen.

lieber werner ich weiß, dass du kein therapeut bist... ich bitte dich von einer ganz anderen warte aus. Aus einer sicht, die mir noch verschlossen ist, von der ich aber ahne und weiß, dass sie vorhanden ist.

Hier ist jemand, eine frau die einfach nicht mehr weiter weiß über eine antwort von dir wäre ich unendlich dankbar.

Herzliche grüße w.

Lese ich solche E-Mails spüre ich totale Hilflosigkeit. Ich fühle mich hilflos, weil ich weiß, dass ich der lieben W. auf der Ebene, auf der sie Hilfe erwartet, nicht helfen kann. Sie müsste mit mir kommen können. Raus aus dem Schlamm, dem Sumpf unerfüllten Verlangens. Sie müsste auf mich hören können, wenn ich ihr sage, dass es nie, nie, nie gestillt werden wird. Nicht in einem und nicht in fünfzig Leben. Verlangen wird selbst dann nicht erfüllt, wenn sich's erfüllt. Egal um welches Verlangen es sich auch handelt. Es kann sich nicht erfüllen, weil sich die Hände in die falsche Richtung ausstrecken. Nach draußen. Zu jemand oder etwas da draußen. Da draußen wartet jedoch nur Enttäuschung. Da draußen ist niemand, der dich erfüllt. Selbst wenn er es wollte, er könnte es nicht. Da drinnen ist aber auch keiner, der's kann. Die Glückseligkeit in manchen Meditationen wirkt auch nicht all zu lang. Stimmt's?

Wo ist die Erfüllung? Wer kann mein Verlangen stillen? Wo ist der Mann, der mich über alles liebt? Wo die Frau, die sich mir bedingungslos hingibt?

Ich durfte nicht nur einmal erleben, dass sich solches Verlangen erfüllt hat. Das mögen solche, die es nicht erlebten, als Privileg betrachten. Vielleicht ist es das auch. Es hält aber nicht. Die Fassade bröckelt. Der Schein trügt. Das tiefste Verlangen vermag selbst die "große Liebe" nicht zu erfüllen. Auch die nicht, die man Vereinigung mit Gott nennt. Ich habe heilige Ekstasen erlebt, von denen manch ein spirituell Suchender nur träumt. Du kannst aber nicht im Wolkenkuckucksheim bleiben. Du fällst irgendwann von da oben runter. Von der heiligen ebenso wie von der rosaroten Wolke romantischer Liebe. Nix hält. Nix. All das geht wieder kaputt.

Warum das so ist? Weil du leer bist und nur Seifenschaum zur Verfügung hast, um dir Glückseligkeit oder Erfüllung vorzutäuschen. Für eine Weile zumindest. Manche besitzen die unfassbar geniale Fähigkeit lebenslanger Seifenschaumschlägerei. Wirklich, ich nenn das genial! Tausend Mal berührt, tausend Mal is nix passiert. Tausendundeine Nacht und es hat Zoom gemacht. Das Lied können die noch auf dem Sterbebett singen...

Ich bin leer. Und liebe bedingungslos.

Das ist meine Natur. Deine Natur. Da draußen gibt's nur Seifenschaum. Seifenblasen. Egal wie groß und bunt sie werden oder ob sie schon auf der Drahtschleife platzen. Es ist und bleibt Seifenschaum. Du kannst es mitunter genießen. Aber es ist nicht dein Leben. Warum? Weil du gar keines hast. Du bist nämlich leer. Und deine Liebe kennt keine Bedingung.

Und wenn du dir das eingestehen kannst – und ich sage bewusst "eingestehen", weil es Fakt ist und du es tief im Inneren weißt – bist du entsumpft. Der Sumpf trocknet aus und du weißt gar nicht mehr, wie es möglich war, dass du in ihm unterzugehen drohtest. Er war ebenso Seifenschaum wie dein Verlangen nach Liebe. Erst schäumt sich das Verlangen und wenn es unerfüllt bleibt – und es bleibt immer unerfüllt, letztlich – schäumt sich der Sumpf. Schaumschlägerei. Das ist die Welt des Verlangens.

Nein, nein, mein Freund, das hat mit Resignation nicht das Geringste zu tun. Resignation ist nur ein weiterer Schaum. Selbstmitleid ebenso. Alles Schaumschlägerei.

Ich bin leer und liebe bedingungslos. Das ist Wirklichkeit. Und wenn du die Sonne, den Mond und die Sterne, die Bäume, die Büsche, die Blumen, die Gräser, den Nebel über dem Tal, die Berge und Täler, die zahllosen Lebensformen auf der Erde, der Luft und im Meer einfach nur wahrnimmst, ohne etwas von all dem zu minden, so dass es entweder schön oder hässlich, gut oder böse genannt wird, erscheint es so wie du selbst: Leer und bedingungslos liebend.

Hier ist" jemand", eine frau die einfach nicht mehr weiter weiß, schreibst du. Nein, liebe W., da ist "niemand". Der Jemand ist Seifenschaum und nachdem erneut eine Seifenblase geplatzt ist, ist niemand da, der den Jemand tröstet, aufrichtet, stärkt. Außer ein Therapeut kommt des Weges und schafft es sie erneut aufzublasen, bis sie bunt schimmert und schillert.

Die Hoffnung stirbt zuletzt, sagt man. Hoffnung ist jedoch nichts als Seifenschaum. Wäre es möglich schlicht wahrzunehmen, was sich gerade so denkt, fühlt und ereignet, wäre sie nicht mehr nötig. Und so könnte sie endlich sterben. Und der Sumpf, der aus lauter zerplatzten Seifenblasen besteht, er trocknete aus.

Kein Ego zu sein ist nur eine schwache *Vorstellung*

Lieber Werner, weil ich ziemlich ratlos bin, wende ich mich an dich. Ich tu das zum ersten Mal, obwohl ich deine Texte schon über zwei Jahre regelmäßig und gern lese. Meine auch verstanden zu haben, dass das Ego Illusion ist und alle Sachen nur geschehen. Gestern Abend habe ich aber etwas erlebt, was mir große Mühe macht. Jemand aus meiner Verwandtschaft hat mich so brutal angegriffen und auch respektlos, dass ich ausgeflippt bin. Es war nicht zu stoppen. Es ging so weit, dass die betreffende Person ging ohne sich zu verabschieden. Heute Morgen fragte ich mich wie das möglich war! Wie konnte es sein, dass mein Ego sich so verletzt fühlte und zu so einem Schlag ausgeholt hat? Mir ist als wäre es von den Toten auferstanden und ich bin mir jetzt im Zweifel, ob ich vielleicht doch erst in der Theorie begriffen habe, dass es nicht existiert. Ich wäre dir sehr dankbar wenn du einige Worte zur Klärung schreiben könntest.

Du hast deine Rolle perfekt gespielt! Genau nach Drehbuchanweisung. So und nicht anders musste es passieren, sonst wäre garantiert was anderes passiert. Und das Gleiche gilt für die Person, die dich angriff und die Tür ohne Abschiedswort hinter sich zugeknallt hat.

Wo ist das Ego? Besser: Was verstehst du unter Ego?

Verletzungen gibt's, jedoch keinen Verletzten. Betroffenheit gibt's, jedoch keinen Betroffenen. Das ist nichts als die Wahrheit. Und allein das gilt's zu verstehen.

Der KörperGeistOrganismus reagiert wie er genetisch angelegt und konditioniert ist. Und das natürlich auch dann, wenn verstanden wurde, dass es keinen gibt, der etwas tut.

Weshalb zum Teufel glaubst du, dass dein Ego von den Toten auferstanden sei? Es gibt keins – schon vergessen? Es kann deshalb nicht auferstehen, weil es nicht einmal geboren wurde und daher auch nicht starb. Es existiert einfach nicht.

Was es gibt ist die *Vorstellung* ein Ego zu sein. Was es gibt ist die *Vorstellung* ein KörperGeistOrganismus zu sein. Was es gibt ist die

Vorstellung einer real existierenden Welt. Denn wenn es all diese Vorstellungen nicht gäbe, würde „nichts" wahrgenommen.

Ein Ego zu sein ist normal. Kein Ego zu sein ist nur eine „schwache Vorstellung". Und das im wahrsten Sinne des Wortes. Ich habe ein starkes Ego. Und es weiß sich zu behaupten, wenn es drauf ankommt. Was ich jedoch ebenso weiß, ist, dass es eine Vorstellung ist. Eine, die ebenso notwendig ist wie die Vorstellung, dass ich jetzt am PC sitze und allerlei Wörter in die Tasten haue.

Unsinn ist, wenn geglaubt wird, das Ego sei der Täter all der Taten, mit denen es sich schmückt oder verunglimpft. Je nachdem was gerade mit ihm geschieht. Empfängt es den Nobelpreis, schmückt es sich mit falschen Federn, empfängt es einen Heidenzorn, meint es sich dafür schämen zu müssen. Aber selbst Scham wäre kein Problem, wenn nicht geglaubt werden könnte, dass es einen gibt, der sich zu schämen habe oder gar schämen müsste.

Innere Stabilität bedeutet nicht nie auszuflippen oder stets geduldig zu bleiben. Innere Stabilität bedeutet nach solch einem Vorfall nur einen „Vor-fall" zu sehen. Ohne einen der fiel.

Von überschüssigen Überflüssen

Lieber Werner,
"kennst" du Bhagavan? Und was sagst du zu seinen Aussagen und evtl. zum Phänomen "Deeksha", falls es dir ein Begriff ist?

Deeksha ist eins von vielen spirituellen Spielen. Der Charakter und das Ziel jedes spirituellen Spiels ist Zugewinn: Ich empfange etwas, das ich zuvor nicht hatte.

In der Präsenz von Ramesh Balsekar wurden alle spirituellen Spiele, die nahezu 40 Jahre mein Bewusstsein mehr oder minder erfüllten, beendet. Ich gewann nichts hinzu, ich verlor etwas. Vor allem die Vorstellung, ich wäre der Denker meiner Gedanken, der Entscheider meiner Entscheidungen, der Täter meiner Taten. Seit diesem Tag interessieren mich spirituelle Spiele nicht mehr. Mein Dienst besteht einzig darin, darauf zu verweisen, dass diese Welt mit all ihren Formen erscheint, um wahrgenommen zu werden.

Ohne Wahrnehmung existiert nichts.
Sobald wahrgenommen wird, existiert alles.
Und ich bin das, was wahrnimmt.
Mehr nicht.
Weniger nicht.

Manche bezeichnen mich als spirituellen Coach oder Lehrer. Ich selber nicht. Ich würde mich, wenn überhaupt, als *entspiritualisierenden Coach* bezeichne. Wenn du mir in die Fänge gerätst, mache ich deine Spiritualität über kurz oder lang platt. Du wirst wieder die Zeitung und Romane lesen, anstatt Seth oder Den Weg des Zauberers. Du wirst dir Django Unchained oder wegen mir auch einen Naturfilm wie Deep Blue angucken anstatt die Videos jener, die dich auf höhere Ebenen des Bewusstseins zu befördern versprechen. Du wirst eher ein Konzert der Rolling Stones besuchen als einen Kongress über „Erwachendes Bewusstsein", an dem ich als Sprecher teilnehmen muss. Ob ich will oder nicht.

Es geht mir nicht um Diffamierung. Ich kritisiere die Bhagavans[46] nicht, wie auch immer sie heißen und hießen. Ich sag nur:

> Wessen Lehre dir auch immer „Zugewinn" verheisst, beleidigt die Quelle.

Denn die Quelle hat sich bereits manifestiert. Leben und Welt ist nichts als die Quelle in ihrem Überfluss. Sobald du morgens erwachst, nimmst du niemand anderen wahr als dich selbst. Denn du bist die Quelle all dessen was erscheint.

Welt ist nichts als Überfluss. Daher so überflüssig. Wie sollte Überfluss auch etwas anderes als überflüssig sein? ☺

Eine großartige, wenngleich auch überflüssige Show. Doch anstatt sie zu genießen beginnt das, was dies alles manifest macht, nach sich selbst zu suchen. Das ist freilich nur allzu verständlich. Denn zum Überfluss gehört auch, dass man selbst als die Quelle des Überflusses vergisst.

Zuviel ist zuviel!

Genau das bringt den Bhagavan auf den Plan. Denn der ist *ganz besonders* überflüssig. Und diese überfließend überflüssige Besonderheit zieht das was wahrnimmt und nicht weiß, dass es lediglich wahrnimmt, ganz besonders an. Ich weiß dies aus eigener (leidvoller) Erfahrung. Das was wahrnimmt und es nicht weiß glaubt nämlich überflüssiger zu sein als ein Kropf und hat damit natürlich auch recht. ☺ Nur schätzen kann es seinen Überfluss nicht. Und daher sucht es sein Heil bei einem, der „besonders" (überflüssig) ist: Dem Bhagavan. Und der bietet freilich Überfluss an. Was sollte er, der Überflüssigste, auch anderes tun? Und so trinkt das was wahrnimmt und nicht weiß das es das ist was wahrnimmt, vom Brunnen der *besonderen* Überflüssigkeit, bis es irgendwann realisiert, wie unfassbar überflüssig das ist, weil es ja bereits

---

[46] Mit **Bhagavan** (Bhagavān) oder Bhagavan-svayam, wird die in sich selbst gründende Quelle allen Seins, Gott, bezeichnet. In der Bhagavad-Gita (Gesang Gottes), heißt es jeweils "*sri bhagavan uvaca*", (Wikipedia)

so überflüssig ist wie ein Kropf! Es muss doch nicht *noch mehr* davon haben. Und so kehrt es dem besonders Überflüssigen den Rücken.

Vielleicht hat das was wahrnimmt und nicht weiß, dass es das ist, was wahrnimmt zuvor einen Überflüssigen kennengelernt, der sich als überflüssig erkannt hat und dies noch dazu lehrt. Der hat nämlich (überflüssigerweise) auf die Quelle aller Überflüsse verwiesen. Und so hat sich die Quelle selbst wahrgenommen, also das, was all den Überfluss, der völlig überflüssig ist, lediglich wahrnimmt.

Geschieht das, wird der, der den Überschuss des Überflusses lehrt, obwohl er bereits der einzig existierende überschießende (oder überscheißende?) Überfluss ist, als das erkannt, was er ist: Vollkommen überflüssig! Und so wird er nicht mehr gebraucht. Und stirbt in der Wahrnehmung dessen, der sich selbst als überfließend gewahrt.

Hoch soll er leben!

Was du erlebst ist wie ein Gedicht

Der Vogel singt, die Blume lacht – ganz von selbst, ganz natürlich. Dabei kommen ihnen keine Gedanken dazwischen wie: "Ich werde den Sawaki jetzt mal mit einem Lied beeindrucken." Oder: "Hast du denn keine Augen im Kopf? Siehst du nicht, wie schön ich hier blühe?" Der Vogel singt einfach, die Blume blüht einfach – auf diese Weise verwirklichen sie sich selbst als sich selbst durch sich selbst.

Kodo Sawaki

Sonnig war's während unseres Spaziergangs gestern Nachmittag. Blauer Himmel. Kein Wölkchen. Aber die Sonne war kalt.

Wirklich? Natürlich nicht. Es so zu formulieren ist Poesie, nicht wissenschaftlich korrekt. Poesie ist mir dennoch lieber.

Poesie bedeutet Dichtung. Und Leben ist Dichtung. Wissenschaft übrigens auch. Nur wenig bis gar nicht poetisch.

Was du erlebst ist wie ein Gedicht. Es verzaubert dich. Und die Formwelt ist Zauber. Faul bezeichnest du ihn nur, wenn du denkst oder gar denkst, dass du denkst.

Ich spürte die kalte Sonne auf meiner Haut, ich hörte, was wir als Zwitschern bezeichnen, ich sah es blau blühen an einer Gartenumrandung. Ach dieses Blau, und selbst Blau, ich meine diese Bezeichnung für den Sinneseindruck, er stört nur.

Wie sieht wohl ein Kind in die Welt, das noch keine Bezeichnungen kennt? Es sieht nur, es hört nur, es schmeckt nur, es riecht nur, es spürt nur. Bezeichnungen trennen dich von der Welt, wenn du nicht realisierst, dass es nur Bezeichnungen sind. Von dem was du scheinbar nicht bist.

Mir stellte sich gestern die Frage: Was wäre die Welt ohne das, was wir mit den Begriffen Wald und Vogelgesang bezeichnen? Was wäre sie ohne das, was wir Blumen nennen? Mindestens so mangelhaft, als fehlte ein Arm oder Bein!

Was die Erscheinung betrifft bist du die Welt! Natürlich. Denn die Persona, die du als (m)ich bezeichnest, erscheint nie ohne Kontext. Stimmt's oder hab ich recht?

Was die Persona umgibt, umgibt sie nur deshalb, damit sich das Spiel spielen kann. Es ist nicht mehr als ein genialer Trick, den niemand erfand.

Nichts umgibt dich.

Du bist das.

Schau so in das, was du mit Welt bezeichnest oder als „meine" Umgebung. Ich bin das, was die Erscheinung betrifft. Nichts ausgenommen. Dann wirst du freilich niemand beeindrucken wollen. Mich selbst beeindrucken? Lachhaft nichtwahr?

Die Andern sind nur anders im und fürs Spiel. Deshalb spielen sich auch Gegner. Feinde sogar. Im Spiel wie gesagt. Du kannst sie nicht umarmen und sagen: Ich bin du, ich bin du und oh wie sehr liebe ich dich! Das wäre nicht nützlich im Spiel. Ebenso wie du beim „Mensch ärgere dich nicht" keine Rücksicht auf eine Figur nehmen kannst, wenn die Zahl auf deinem Würfel den Rausschmiss bedingt. Mitleid ist hier fehl am Platz. Wenn Regeln einen Sinn machen sollen, müssen sie befolgt werden.

In Wahrheit aber – und da ist es schon wieder, dieses bombastisch klingende „in Wahrheit" und doch unvermeidbar – in Wahrheit also bist du all das, was erscheint, auch dein Gegner und sogar dein Feind. Und zwar weil du nicht bist was erscheint!

Du bist das was wahrnimmt! Nur das was wahrnimmt. Einzig und allein das was wahrnimmt. Und jetzt magst du verstehen, weshalb du alles sein musst, was erscheint. Ich bin nicht allein werner. Denn werner erscheint immer nur mit all dem zusammen, was ihn scheinbar umgibt. Und wenn ein sogenanntes Rotkehlchen im sogenannten Wald singt, nein, hat werner keinen Vogel, (obwohl er manchmal einen hat) sondern ist Wald und Vogel, was die Erscheinung betrifft. Ist kalte Sonne. Ist blauer Himmel. Ist – um die Aufzählung nicht ausufern zu lassen – all das was erscheint, obgleich er's nur wahrnimmt, er als das was nur wahrnimmt, obgleich „er" und natürlich auch „sie" in diesem

Kontext abwegige Begriffe sind. Denn das was wahrnimmt ist weder maskulin noch feminin. Es erscheint nur maskulin und feminin für das Spiel. Freilich gäbs ohne „ihn" und „sie" keine sexuellen Übergriffe am Arbeitsplatz, auch keine platte Anmache, keinen Sexismus, keinen Puff und keine Prostitution, keine Vergewaltigung, keinen Lustmord, keine Stricher an Bahnhofsvorplätzen und keine beschissene vaginale Beschneidung. Ebenso wenig jedoch jene Leidenschaft, die dich weit mehr beflügeln kann als Red Bull.

Getrennt wahrzunehmen ist furchtbar anstrengend. Denn dann musst du dich gegenüber Anderen beweisen. Musst mindestens genauso clever, hübsch, erfolgreich, selbstbewusst wie sie sein. Oder am besten noch mehr als du es an ihnen wahrnimmst. Fällt sie weg, jene Trennung, die nur fürs Spiel existiert, und damit virtueller Natur ist, wird alles so leicht. Selbst das, was manches Mal schwer(wiegend) erscheint.

Nur eine Welt

Wir sagen "innere Welt" oder "äußere Welt", doch in Wirklichkeit gibt es einfach nur eine ganze Welt....Wenn ihr denkt: "Ich atme", so ist das "Ich" ein Zusatz. Es gibt kein Du, das "Ich" sagen könnte. Was wir "Ich" nennen, ist nichts anderes als eine Drehtür, die sich bewegt, wenn wir ein- und ausatmen. Sie bewegt sich nur; das ist alles. Wenn Euer Geist rein und ruhig genug ist, dieser Bewegung zu folgen, dann gibt es nichts: kein "Ich", keine Welt, weder Geist noch Körper, nur eine Drehtür.

Shunryu Suzuki (1905 -1971), japanischer Zen-Meister der Soto-Schule

Nur eine Welt. Nichts sonst. Es ist so furchtbar einfach, dass ich den Kopf schüttle. Wie war es möglich dies nicht zu sehen? Und mir fällt nur ein Grund dafür ein. Es wurde übersehen.

Kennst du das, dass dir etwas wirklich Augenfälliges an dem Ort, an dem du wohnst, erst Jahre später auffällt? Vielleicht weist dich ein Besucher drauf hin. Ging mir einmal so. Die Inschrift an einem alten Fachwerkhaus, an dem ich Jahre vorbeilief. Achtlos. Bis jene Besucherin während eines Spaziergangs davor stehen blieb. Und sie entzifferte. Denn die Schrift war verblichen und noch dazu in altdeutscher Sprache geschrieben. Aus dem Jahr 1641 oder so. Ich hatte diese Worte zuvor nicht einmal gesehen. Es war mir schlicht nicht wichtig genug gewesen.

Manches Mal siehst du etwas und siehst es doch nicht. Kennst du das? Dein Blick ist gefiltert. Du guckst zwar hin, aber wenn du darüber berichtest, sind andere erstaunt. Wo warst du? Was hast du gesehen? Die Unterschiede sind manchmal dramatisch.

Hallo Werner, seit dem letzten Luxustag hat sich eigentlich fast nichts verändert. Fast! Denn seitdem tönt es "alles perfekt" in mir. Es ist einfach absolut perfekt. Dabei kann ich noch nicht mal sagen was genau perfekt ist. Es ist einfach perfekt wie es ist. Mein alltägliches

Erleben ist hin und wieder ganz und gar nicht perfekt. Da kann ich mich schon richtig aufregen. Über meinen Chef und Sachen die nicht sofort klappen. Aber das ist auch perfekt. Total schizophren. Zum Wegschmeißen. Alles perfekt. Absolut perfekt. Einfach perfekt. Weiß nicht was mir besser gefällt. Ich glaub das erste...
Einfach nicht gesehen. Zuvor. Obwohl es so ist. Es gibt an dieser einen Welt nichts auszusetzen. Obgleich es jede Menge Ungerechtigkeit gibt. Jede Menge Idioten. Jede Menge, über das du dich aufregen könntest und manchmal auch aufregen musst.

Das meint der Feedbacker nicht. Das nie etwas schiefgeht. Das alles reibungslos läuft. Dass die Dinge immer angenehm sind, die passieren. Das deinem Munde nie ein Fluch entfährt. Iwo.

Die Welt ist perfekt, weil es „eine" Welt ist. Und damit „deine" Welt. Und weil sie nicht existiert, nur erscheint. Die Welt ist nicht etwa eins, siehst du ja, wenn du die Nachrichten hörst. Kim Jong Un spielt gerade wieder einmal verrückt. Selbst China, ein befreundetes Land, warnt den jungen irren Sohn des alten irren Vaters und Machthabers in Nordkorea. Die Welt ist wahrlich nicht eins. Aber es ist „(d)eine" Welt. Es gibt nur die eine. Selbst wenn es irgendwo im All einen anderen bewohnten Planet geben würde (woran ich nicht glaube), wäre es nur eine Welt.

Und sie existiert nicht. Außer in dem was wahrnimmt. Was das ist, was wahrnimmt, kriegt es – das was wahrnimmt – nie raus. Es ist sich selbst ein Rätsel. Es überrascht sich jeden Tag neu. Das ist perfekt. Wie sollte sich Formlosigkeit anders wahrnehmen können als in und durch Form? Es genügt sich als Welt wahrzunehmen.

Das wurde übersehen. Genau das. Stattdessen wurden Weltverbesserungsideen geschmiedet, solange das Eisen glühte. Eine neue Welt. Ein neuer Mensch. Eine neue Erde. Oh ja. Irgendwann. Erst als das Eisen erkaltete, wurde mit diesem Spiel aufgehört. Und die Resignation kam. Die Depression. Alles umsonst. Die Welt hatte sich nicht verändert. Ach wo. Sie war noch dunkler geworden. Noch grauenhafter. Noch einsamer.

Der Grund lag im Auge des Betrachters. Es war blind für die Wirklichkeit. Sie war nicht attraktiv genug, um sie zu erblicken. Wie jene altdeutsche, verblichene Schrift an der Mauer, an der ich viele Jahre vorbeilief, ohne sie würdigen zu können. Bis jemand mich auf sie hinwies.

Dass ich sie nicht sah, so lange Jahre, war ebenso perfekt wie der Augenblick, in dem ich sie endlich würdigen konnte.

Du willst womöglich ein perfektes Leben. Vergiss es! Außer du willst weiter in deiner „perfekten" Traumwelt leben. Traumhaus, Traumfrau, Traumfamilienleben, Traumjob, Traumauto, Traumgesundheit, Traumtransformation, Traumerleuchtung. Auch perfekt. Ich werde dich nicht dabei stören. Und wenn ich's dennoch täte: Perfekt!

Denn es gibt nur eine Welt. Die, die da ist. So wie sie ist. Gerade eben. Eine andere wird es nie geben. Kann es nie geben. Und wenn du sie nicht würdigen kannst, weil dein Blick getrübt ist, lebst du in der Illusion einer Welt, die es gar nicht gibt.

Ich genieß jede Sitzung

Selbst um ein einziges Mal vor dem Spiegel zu stehn und sich die Haare zu kämmen, hätte es sich zu leben gelohnt, denn im Nichtsein gibt's nicht einmal das.

Werner Ablass

Ob das ZEN ist, kann ich nun wirklich nicht sagen. Und ob ein reinrassiger Advaita-Lehrer so einen Satz von sich geben würde, lässt sich zumindest bezweifeln. Vernünftig ist er in jedem Fall. Und natürlich auch wahr. Dies ist leicht zu erkennen. Gewissermaßen für jedes Kind.

Wir gehen zumeist und im Allgemeinen viel zu achtlos mit all den Tätigkeiten um, die sich tagtäglich ereignen. Ich würde gern einmal im Einzelnen darauf verweisen, und wenn du es mir gestattest, wobei du natürlich als mein Leser gar keine andere Wahl hast, beginne ich mit etwas ganz elementaren: dem Pissen und Scheißen.

Ich genieß jede Sitzung! Oder sagen wir, um nicht der Lüge bezichtigt werden zu können: Nahezu jede. Und ich sitze natürlich auch während des Pissens. Es soll ja Männer geben, die es für unmännlich halten im Sitzen zu pissen. Zu der Kategorie von Machos gehöre ich nicht. Was für ein Genuss, sich dessen zu entledigen, was der Organismus ausscheiden muss! Es ist mindestens so genussreich wie die Aufnahme des Treibstoffs, also Essen und Trinken. Weil Kindern jedoch der Akt der Ausscheidung als „Bäh" beigebracht wurde, vermag das Gehirn der allermeisten Menschen den Akt des Pissens und Scheißens nicht mit Genuss zu assoziieren. Man macht halt sein Geschäft und das war's.

Welch eine Verschwendung! Mutter Natur hat es so eingerichtet, dass selbst die Ausscheidung Genuss bringt und der Kulturmensch rümpfte die Nase, wenn er diesen Text lesen würde. Dafür unterhält er sich über die Vortrefflichkeit und Originalität eines Gemäldes, auf dem nichts als ein Hut und eine Unterschrift zu erkennen ist, und zwar nur, weil der Maler Josef Beuys heißt.

Besonders dann, wenn der Harndrang groß ist, potenziert sich das Vergnügen des Wasserlassens. Freilich ist es dann auch ein wenig mit Schmerz verbunden, aber welch eine Erleichterung, wenn er wieder verschwindet! Mein erster Gang morgens ist auf die Toilette. Und nie habe ich dabei das Empfinden, es möglichst schnell hinter mich bringen zu müssen.

Beim Scheißen lasse ich mir Zeit, außer ein Termin ist in Sicht. Und obgleich ich die Zeit meistens nutze, um etwas zu lesen, lenkt es mich nicht davon ab, den Ausscheidungsprozess zu genießen. Und so beginnt jeder Tag mit Genuss.

Der zweite Akt am Morgen ist eine Tasse Kaffee. Die trinke ich allerdings während ich schreibe. In diesem Punkt verzichte ich auf den ZEN-Geist. Denn der bedingt ja, dass man immer nur „eines" tut. Also wenn du isst, isst du und wenn du trinkst, trinkst du und wenn du schreibst, schreibst du. Da ich eher ein Multitaskmensch bin, tue ich beides zusammen, genieße jedoch sowohl den Kaffee als auch das Schreiben. Schon weil ich bei genauer Betrachtung doch immer nur eins von beiden tue. Wie sollte ich auch in die Tasten hauen können, während ich die Tasse zum Munde führe? Wenn du mich aber fragen würdest, was ich mehr genieße, Scheißen und Pissen oder Schreiben und Kaffee trinken, würde ich auch nach längerem Nachdenken keine Priorität setzen können.

Die Vorsteuererklärung fürs Finanzamt am Ende jedes Quartals schiebe ich in der Regel bis zum Stichtag vor mir her. Denn die mach ich äußerst ungern. Schon weil sie mit vielen Recherchen verbunden ist, da ich während des Quartals lediglich Belege sammle, die ich dann noch zuordnen muss. Ich begann einmal damit, sie sogleich abzuheften, ließ jedoch mit der Zeit wieder nach und kam in den alten Schlendrian rein.

Es gibt also durchaus Aktivitäten, die ich verabscheue. Allerdings nur „bevor" ich in sie einsteige. Bin ich drin, kann ich selbst die Steuerklärung genießen. Die Erklärung findest du in dem Buch Flow[47]. (Ich komm darauf zurück)

Ähnlich beschissen geht's mir vor dem Aufräumen. Oder dem Wäsche aufhängen. Wofür ich übrigens seit einigen Wochen verantwortlich bin. (Freiwillig☺) Spezifischer für das Aus-der-Trommel-holen-aufhängen-zusammenlegen.

Ich schlag keine Purzelbäume vor Freude, bevor ich in diese Art von Aktivitäten eintauche. Überhaupt nicht. Ich freu mich aber auch nicht aufs Schreiben. Nur fließe ich in diese Aktivität schneller und widerstandsloser rein. Oder in die *passive Aktivität* mit meiner Süßen abends kuschlig auf dem Diwan zu liegen und eine Doku über Neuseeland anzuschauen.

Was für ein Land – by the way. Du hast dort alles auf geringstem Raum. Schneebedeckte Berge, das Meer, und zwar sowohl fürs Schwimmen als auch fürs Surfen, du hast heiße Quellen, wilde Flüsse, Obstplantagen, Weinberge, Schafherden[48], Weite, Einsamkeit, quirlige Städte, Vegetation ohne Ende. Über neunzig Minuten Neuseeland waren auf der DVD und das Land überraschte uns mit immer neuen Landschaften, die mit anderen wenig oder gar nicht vergleichbar waren. (Von meiner Idee einmal mit der Transsibirischen Eisenbahn von Moskau nach Peking zu reisen kam ich allerdings ab, nachdem ich mir eine DVD von dieser langweiligen, eintönigen Reiseroute angesehen hatte. Ich kann dir nur empfehlen dir einen Film über das Land anzusehen, das du gern mal aufsuchen würdest und womöglich nicht mehr besuchen willst, wenn du es dir per Film angesehen hast.)

Worin immer du gerade bist, ohne so ulkige Gedanken zu denken

---

[47] **Flow** (engl. „Fließen, Rinnen, Strömen") bezeichnet das Gefühl der völligen Vertiefung und des Aufgehens in einer Tätigkeit, auf Deutsch in etwa **Schaffens-** bzw. **Tätigkeitsrausch** oder **Funktionslust**. Mihaly Csikszentmihalyi hat die Flow-Theorie im Hinblick auf Risikosportarten entwickelt. Der Flow-Zugang und das Flow-Erleben sind individuell. Auf Basis qualitativer Interviews beschrieb Csikszentmihalyi verschiedene Merkmale des Flow-Erlebens.[1] (Wikipedia)

[48] Auf Neuseeland leben 50 Millionen Schafe

wie...

„Ist das überhaupt eine sinnvolle Aktivität?"
„Müsste es denn für mich keine bessere geben?"
„Ich kann vielmehr und weshalb nur werde ich total unterschätzt!"
„Ich kann viel weniger als man es von mir erwartet!"
„Wieso bin ich überhaupt noch hier in diesem Scheißladen?"
„Warum nicht woanders, beispielsweise auf den Bahamas?"
„Wieso verdien ich mit Schwerstarbeit die paar Kröten und die blöde Kuh, wie heißt sie doch gleich, die fette Sau mit dem pink Trainingsanzug, die du mir auf den Bauch binden könntest, ohne das sich in meiner Hose etwas tun würde, Mann, Mann, ich komm nicht auf den Namen, ist ja auch egal, die verdient Kohle ohne Ende, nur weil sie ein paar deftige Sprüche kloppen kann und derart abgefuckt ist, dass sie kein Problem hat, mit dem Scheiß, den sie von sich gibt, vor einem Millionenpublikum aufzutreten."
„Krieg ich das zu aller Zufriedenheit hin?"
„Und angenommen, ich versage, was dann?"
... bist du drin in dem was du gerade tust, ohne an irgendwas anders zu denken als an das, was der Aktivität dient, bist du im Flow. Heißt: Das Leben fließt, es ereignet sich. Und das ist dann auch und immer eine Art von Genuss. Dann spielt die Aktivität als solche nicht mehr die entscheidende Rolle. Ob du die Steuererklärung machst oder deiner Lieblingsbeschäftigung nachgehst ist dann sekundär.

Die elementaren Aktivitäten sind immer die gleichen. Wo auch immer du bist:

- Essen, Trinken, Pissen, Scheißen.
- Sehen, Hören, Riechen, Schmecken.
- Stehen, Gehen, Sitzen, Liegen.
- Wegräumen, Aufräumen, Abräumen, (Schneeräumen☺)
- Ankleiden, Auskleiden
- Haare kämmen, duschen, abtrocknen, schminken (bei femininer Disposition oder Neigung☺)
- Aktivitäten verschiedenster Art, je nach Neigung, Notwendigkeit und Qualifikation

Doch die Gedanken tragen dich weg aus dem Elementaren. In das was hätte anders sein können, in das was anders sein könnte, in das, was in Zukunft anders sein sollte. Und selbst das wäre kein Unglück, wenn es sich erstens gut anfühlen würde und zweitens auf einen gewissen Zeitraum beschränkt wäre.

Und selbst jetzt dreht sich das Gedankenkarussell, gell? „Wäre schön, wenn ich nur in dem sein könnte, was ist, aber wie soll ich's anstellen, um dahin zu kommen?"

Am besten du stellst dich nicht an! Denn dann stehst du in der Warteschlange und trittst von einem Fuß auf den andern. Bis du endlich dran bist. Irgendwann oder nie.

Du kannst niemals anderswo hinkommen. Niemals sag ich dir! Selbst das Wort Rückzug, das ich gestern mangels eines besseren verwandte, trifft nicht den Punkt. Auch die Aufforderung „Lebe jetzt, hier" deutet bereits auf eine Aktivität, die deine Aufmerksamkeit von den elementaren Aktivitäten umleitet und in ein mentales Konzept fließen lässt. Dann achtest du nämlich darauf stets hier und jetzt zu sein, anstatt auf dem Klo zu sitzen und voller Wonne zu scheißen. Vor dem Spiegel zu stehen und dich genussvoll zu kämmen. Nicht einmal eingedenk meines Eingangszitats. Denn wenn es verinnerlicht ist, ist nur Kämmen da, kein Gedanke daran, wie großartig es ist, überhaupt kämmbare Haare zu haben, weil's die nicht nur auf einer Glatze, sondern auch im Nichtsein nicht gibt.

Wie ein Vampir

Lieber Werner, dein letzter Artikel „Ich genieß jede Sitzung" hat mich belustigt, aber folgende Frage ausgelöst: Wieso hat ein Erwachter noch Widerstände vor der Steuererklärung und vor dem Aufräumen? Später im Text sagst du, dass du wenn du in der Arbeit drin bist und keinen Widerstand mehr spürst. Vorher aber ist ein Widerstand vorhanden und ich frage mich ob du dich dann verwirklicht nennen kannst. Könnte es nicht sein, dass du dich in einem Vorstadium zum Erwachen befindest...

Deine Frage entsteht, weil du mich erstens fälschlicherweise für einen Erwachten hältst und weil du zweitens das, was du wiederum fälschlicherweise mit dem wenig nützlichen Begriff Erwachen bezeichnest, mit Widerstandslosigkeit assoziiert.

Erwacht wird nur dann wenn Welt erscheint. Was sonst noch unter Erwachen grassiert ist ein Witz. Im besten Fall Comedy. Es ist in etwa so, als würde jemand nicht die Erfindung einer hochkomplexen Maschine, sondern das Verschwinden der Decke, hinter der sie verborgen war, preisen!

Das Erscheinen der Welt ist DAS Wunder! Nicht die Entdeckung, dass sie nur erscheint. Dies ist ein Luxus, der die Funktion der hochkomplexen Welt nicht im Geringsten tangiert.

Ich bin weder erwacht noch verwirklicht. Und wer dies von sich behauptet, drückt sich entweder ungenau und dilettantisch aus oder ist ein Scharlatan, der über Dinge spricht, die er wenig bis gar nicht versteht.

Es gibt keine Person, die aus sich heraus denkt, entscheidet und handelt. Im Prinzip ist es mit dem Denken, Entscheiden und Handeln so wie mit dem Atmen. Atmen geschieht, einen Atmer jedoch, den wirst du nicht finden.

Das Gleiche gilt fürs Erkennen oder fürs Sehen. Das gibt es natürlich, nur ist niemand vorhanden, der erkennt oder sieht. Und wenn sich solches Erkennen bzw. Sehen ereignet, gibt's daher freilich keinen

Erkenner und Seher mehr. Es gab ihn natürlich noch nie, doch genau das wurde nicht erkannt bzw. gesehen.

Aus diesem Grund konnte er existieren und die Erscheinungswelt dominieren. Ohne ihn lief überhaupt nichts. Er war überall. Er mischte sich in alles ein. Nirgends hatte man vor ihm Ruhe. Nicht einmal ein einziger Gedanke konnte sich ohne ihn denken. Sobald einer erschien, heftete er ihn sich ans Revers. War der Gedanke vortrefflich, fühlte er sich vortrefflich. War der Gedanke niederträchtig, fühlte er sich niederträchtig. Und wenn er zu der Einsicht gelangte, dass es ihn gar nicht gibt, dass er nur Illusion ist, bildete er sich selbst auf seine Nichtexistenz etwas ein. Verstand aber gleichzeitig nicht, weshalb er immer noch in innere Zustände geriert, die er als Widerstand empfand. Also sagte er sich, dies könne nur daran liegen, dass er es noch nicht geschafft habe, dass er noch nicht verwirklicht oder erwacht sei. Und so „arbeitete" er weiter an sich. Las die „Ich bin" Dialoge von Nisargadatta Maharaj zum achtzigsten Mal. Sah sich weitere Satsang-Lehrer auf Jetzt-TV an. Irgendwann musste es doch einmal schnackeln. Tat's aber nicht. Weil er auf der falschen Spur war. Und die falsche Spur ist vorprogrammiert, solange das illusionäre Ich an seine Existenz glauben kann. Selbst wenn es erkennt, dass es nicht existiert, ist es „seine" Erkenntnis. Das Erkennen jedoch, auf das ich verweise, geschieht ohne jemand, das sich jemand ans Revers heften könnte. Denn genau der hält es auf. Der blockiert es.

Das illusionäre Ich hat sich als Realität etabliert. Das Gehirn ist von seiner Existenz überzeugt und hält sie für wichtiger als sonst irgendwas auf der Welt. Ohne illusionäres Ich läuft überhaupt nichts, daran wird geglaubt. Und daher wird die Ich-Illusion mit Zähnen und Klauen verteidigt wie eine mittelalterliche Burg. Fällt sie, fällt die Welt, die es sich aufgebaut hat. Eine Scheinwelt natürlich, aber genau das wird nicht realisiert.

Das illusionäre Ich kann seine Existenz nur an inneren Zuständen festmachen. Ohne sie kann es sich nämlich nicht spüren, da es ja überhaupt nicht existiert. Daher hält es das illusionäre Ich für unmöglich, dass ein „Erwachter" Widerstand erfährt. Erfährt das illusionäre Ich nämlich Widerstand, ist es gänzlich darin gefangen. Und natürlich entsprechend traurig. Oder es resigniert. Es sehnt nicht nach einem Zustand der Widerstandslosigkeit. Es möchte von hier nach dort. Die Seite wechseln.

Ohne illusionäres Ich herrscht „seitenloses", daher „nonduales" Bewusstsein. Und das bedeutet praktisch, dass beide Seiten der Dualität erlebt werden dürfen, ohne es auch nur anzukratzen. Ob ein Ausbruch an Freude oder Zorn erlebt wird – ist er vorüber, ist es so, als wäre er gar nicht passiert. Es gibt keinen Nachhall. Und selbst dann, wenn es ihn, jenen Nachhall, in seltenen Fällen gibt, vermag sich keiner reinzuhängen, um ihn zu bewerten, so dass er künstlich verlängern könnte.

Darauf verweise ich. Und auf sonst nichts.

Daher schreibe ich nur noch selten von Friede, sondern von innerer Stabilität. Womit nonduales Bewusstsein gemeint ist, in dem der emotionale Zustand keine Rolle mehr spielt bzw. sekundär ist.

Das illusionäre Ich aber interessiert nichts mehr als emotionale Zustände. Denn es erhält seine Nahrung von ihnen. Es kann sich nur erhalten, wenn es sich spürt. Es ist wie ein Vampir, der sich durch das Blut von Schmerz und Tränen ebenso wie von Glückseligkeiten ernährt. Kommt aber das Licht klaren Sehens, ist seine Existenz bedroht und es flieht. Es flieht selbst dann noch, wenn es sich der Erkenntnis seiner Nichtexistenz kaum noch zu verweigern vermag. Es sucht einen Schlupfwinkel, um sich vor dem grellen Licht zu verbergen. Denn wenn das Licht das illusionäre Ich ganz erfasst, löst es sich auf. Und nicht einmal das. Denn es war nie vorhanden. Und genau das wird dann gesehen.

Von wem?

Natürlich von niemand.

Denn da ist einfach keiner.

Perfekt in Balance

Krieg und Frieden, Idiotie und Genialität, Torheit und Weisheit, Schmerz und Freude, Tod und Geburt, Verbrechen und Barmherzigkeit, Gandhi und Stalin, Hölle und Himmel. Und die Gewichte auf diese Waage vertragen natürlich endlos weitere Gegensatzpaare. Dennoch strebt Leben immer nach himmlischer Ruh. Raus aus jeder möglichen Hölle, das gehört ebenso zum Spiel der Kräfte wie die Kräfte an sich. Wäre es anders, würde Welt im Chaos versinken. Mit dieser Tendenz aber gibt es Chaos und Ordnung zu zwei gleichen Teilen, die sich freilich ständig verschieben. Jedoch ohne aus der Balance zu geraten.

Erkennst du die Notwendigkeit der Dualität, ohne vergessen zu können, dass sie der Quelle unbedingter Liebe entspringt, die nichts anderes als Überfluss sein kann, weil ihr Wesen Überfluss ist, kannst du dich und damit die Welt nur noch umarmen. Dir bleibt gar nichts anderes mehr übrig, meint das. Du wirst ebenso unfähig nicht überzufließen wie die Quelle selbst. Denn sie hat sich niemals dazu entschieden. Sie hat niemals auch nur einen Gedanken mit der Überlegung verschwendet, ob sie überfließen oder sich zurückhalten soll. Etwa um zu vermeiden, dass sie, indem sie überfließt, Kontraste bildet. Und damit auf der optischen Ebene als hell und dunkel, auf der ästhetischen als schön und hässlich, auf der ethischen als Gut und Böse erscheint.

Die Quelle handelt ebenso wenig wie du. Sie besitzt keinen freien Willen. In dem Sinne könnte ich mich sogar mit dem Wort der Bibel anfreunden, dass Gott den Menschen in seinem Ebenbild schuf. Er hat sich die Welt nicht ausgedacht, daher gibt's keine Denker. Er entschied sich nicht zur Schöpfung, daher gibt's keine Entscheider. Er tut überhaupt nichts, deshalb gibt's keine individuellen Handelnden. Welt ist schlicht Ausdruck der Quelle in ihrer Erscheinung. Und daher so perfekt in Balance.

Mit diesem (Selbst)Erkennen endet sofort alles Leid, das immer nur dann entsteht, wenn die Balance der Kräfte aus dem Blickpunkt gerät und sich in der Wahrnehmung zugunsten des Dunklen verschiebt.

Finsternis muss ebenso vorhanden sein wie das Licht, sonst existierte überhaupt nichts. Und das kann einfach nicht sein, weil Liebe überfließt. Nicht weil sie es will, sondern weil Überfluss schlicht ihrem Wesen entspricht. So wie Wasser schlicht nass ist und nicht erst nass werden muss, um dich nass machen zu können. ☺

Wie sollte ohne diese Klarsicht unbedingte Liebe als Ursprung der Welt gesehen werden können? Es wäre nur möglich, wenn ich gerade die helle Seite erfahren würde. Sobald sich aber die dunkle zeigt, ginge ich hoffnungslos in ihr unter.

Nonduales Bewusstsein ist stets in der Mitte. Zwischen beiden Polen. Beide werden erfahren und beide werden gewürdigt. Nicht das du vor dem Dunklen ebenso niederfällst wie vor dem Hellen. Das ist schon deshalb unmöglich, weil stets die Tendenz zum Licht besteht. Weg vom Dunkel, hin zum Licht! Selbst jener Mafiosi, der kaltblütig Menschen umbringt, herzt seine Kinder, liebt seine Familia, setzt den unrechtmäßig erworbenen Reichtum für ihr Wohlergehen ein und tut alles um sie zu schützen.

Das Licht kann niemals erlöschen! Das ist der Grund für den Spruch: Und selbst dann wenn du meinst es geht nicht mehr kommt von irgendwo ein Lichtlein her.

Daher wirst du Krankheit, Armut, Verlust, Streit, Krieg niemals lieben können, sondern Gesundheit, Reichtum, Gewinn, Harmonie, Genuss. Du wirst stets zum Guten hinstreben, es wird dich anziehen wie die Motte das Licht.

Im nondualen Bewusstsein bist du jedoch nicht auf der Flucht vor dem Finsteren, Bösen und Ungerechten. Weil du um seine Notwendigkeit weißt. Weil dir bewusst ist, dass es das Kontrastmittel ist, um Existenz möglich zu machen. In all seinen Schattierungen. All seinen Erscheinungen. Nichts kann nicht so sein wie es ist.

Das Böse, Finstere, Ungerechte hat jedoch keine Substanz. Stets muss die Finsternis dem Licht weichen. Sonne macht sowohl die Finsternis als auch das Licht. Es ist ihre Bewegung, die „beides" auf der Erde erscheinen lässt. Wendet sich die Erde von ihr ab, ist es Nacht.

Bedingt ihre Drehung, dass sie ihr leuchtet, erscheint ein neuer Tag. Somit kann das Licht nur verborgen sein, niemals nicht vorhanden. Nonduales Bewusstsein ist wie die Sonne. Was auch immer in der Erfahrung erscheint, Finsternis oder Licht. Du bist, was Licht oder Finsternis erscheinen lässt. Sonne ist ungemein kraftvoll. Dies muss ich nicht durch entsprechende Daten beweisen. Leben wäre unmöglich ohne sie. Die Erde wäre ein kalter Planet. Nicht einmal ein Grashalm könnte auf ihr wachsen. Hat sie jedoch einen freien Willen? Kann sie darüber entscheiden, ob sich die Erde von ihr abwendet oder sich ihr zuwendet? Kann sie darüber entscheiden, wie weit sie von der Erde entfernt ist? Kann sie darüber entscheiden, ob sie von Wolken verhüllt wird? Kann sie darüber entscheiden, wie heiß sie ist? Kann sie darüber entscheiden, welche Lebensformen durch sie auf dem Planeten erscheinen? Nichts von alldem.

Du bist wie die Sonne, durch dich erscheint alles, und doch bist du ebenso unfähig wie die Sonne, darüber zu entscheiden, ob Licht oder Finsternis in deiner Erfahrung erscheinen. Die Realitätsgestalter glauben dies zwar, sind jedoch ebenso unfähig, einen Schnupfen oder gar eine Glatze zu vermeiden wie all jene, die nicht an deren Irrlehre glauben.

Du bist die Quelle und ohne dich könnte überhaupt nichts erscheinen. Dir dessen bewusst kannst du am Himmel stehen, selbst wenn sich die Erde gerade durch ihre Drehung oder Wolken verdunkelt. Du bist jenseits des Wechselspiels, über das du zwar keine Kontrolle hast, ohne welches jedoch Leben, wie wir es kennen, gänzlich unmöglich wäre.

Sela!

Das Leben läuft dir davon!

Und wieder einmal öffnet sich der Vorhang. Zum wievielten Mal? Du, da hätt ich viel zu tun, wenn ich das zählen sollte! Wenn ich 63 mit 365 multipliziere sind es schon mal 22959 Vorhänge, die sich öffneten und wieder schlossen. Und ich werde dieses Jahr 64. Dschises Kreist. Nicht zu fassen!

Der Vorhang ist das, was wir als Tiefschlaf oder Tod bezeichnen. Dann ist der Körper entweder im Standby-Modus oder auf der Müllhalde. Beides gibt dem was wahrnimmt die Chance zur Pause.

Weil das was wahrnimmt einfach nicht tot zu kriegen ist. Oder anders gesagt, was ebenso stimmt: Weil es das Wesen der Liebe ist überzufließen.

Und wenn du das so sehen kannst, hat sich das was wahrnimmt inmitten all dessen, was jeweils erscheint, als das was wahrnimmt, erfasst. Und realisiert, dass das, was passiert, schlicht passiert. Und sich so abspielt, wie es sich abspielen muss.

Wenn der Vorhang sich öffnet, gibt es, anders als bei einem Stück, das beispielsweise „Vom Winde verweht" heißt, Wiederholungen und Varianten. Vieles scheint sich exakt so wie gestern und vorgestern oder gar vorige Woche abzuspielen, anderes variiert. Und guckst du genau hin, ist im Grunde nichts so wie es einst war. Das mag man bedauern oder beklatschen, die Reaktion ändert nichts an der Aktion.

Das Leben läuft dir davon! Dir als dem was wahrnimmt. Und läufst du ihm nach oder versuchst es zu stoppen, gerät das nur zu einer weiteren Szene im Stück. Ach wie schön es doch mit Anton war und jetzt isser weg! Ach wie schön könnte es mit Anton sein, aber ich konnte ja meine Schnauze nicht halten und hab ihn vertrieben! Ach wie schön, wenn Anton da wäre, denn ohne ihn fühle ich mich so einsam, obwohl er so eine Nervensäge sein konnte!

Solche Informationen können nur dann in die Depression führen, wenn das was wahrnimmt noch nicht wahrnimmt, dass es – das was wahrnimmt – nur dazu dient, um die Story am Laufen zu halten. Sobald das was wahrnimmt seine Fähigkeit zur Wahrnehmung wahrnimmt, erzählt sich eine Geschichte. Und wenn meditiert wird, ist Meditation Teil der Geschichte.

Ob die Erfahrungen tief oder oberflächlich sind, ob du weinst oder lachst, durchblickst oder blind bist, immer ist das, was erscheint, nur eine Geschichte.

Wenn du beispielsweise noch auf dem Selbstfindungstrip bist, solltest du nicht meinen weiter zu sein als dein Nachbar, dessen Suche sich auf den verlorenen Hausschlüssel oder die entlaufene Miezekatze beschränkt. Und selbst dann, wenn du das Empfinden hast und nicht aufgeben könntest, dem Ignoranten um Lichtjahre voraus zu sein, wär's nur eine Szene, die sich abspielen muss. Selbst wenn es wahr wäre, wäre es nur eine Szene.

Mann, ich hab mich wieder mal wie die Axt im Walde verhalten! Dabei glaubte ich endlich erfasst zu haben was Wahrheit ist. Sorry, dass ich so offen sage, aber es ist ja auch nur eine weitere Szene im Film: Du - bist - ein - Arschloch! Und folterst dich mit einem Geschehnis, mit dem du nur insofern zu tun hast, als es erscheint!

Kürzlich bat ich einen Leserfreund um einen Gefallen, den er aus verständlichen Gründen ablehnen musste. Noch Wochen später sagte er mir, er hätte deswegen ein schlechtes Gewissen! Das würde niemals passieren können, wenn geklärt wäre, was ich in diesem Text zu vermitteln versuche. Du bist was wahrnimmt und darüber hinaus bist du: Nichts! Du hast mit dem was passiert nur insofern zu tun, als es erscheint. Du hast Erscheinungen☺, weiter nichts!

Aber es fühlt sich doch so real an!

Natürlich! Jedes gut gespielte Theaterstück vermittelt den Eindruck der Realität.

Steinbrück wird nicht Kanzler werden! Und wenn er noch so zuversichtlich ist, das Ruder herumreißen zu können und aus dem Quotenloch zu kommen. Die Fettnäpfchen, in die er ohne Unterlass tritt, sind Teil der Geschichte. Es sei denn bis zu Wahltag platzt der künstliche Euroverbund. Dann dreht sich der Wind für Angela Merkel, die so fest wie nie zuvor im Sattel des Bundeskanzleramts sitzt. Da kann sie noch so souverän auftreten, im Griff hat sie die Wähler ebenso wenig wie Mister Fettnäpfchen. Du hat jedoch auch nichts im Griff! Weil du bist was wahrnimmt. Und das nimmt eben nur wahr. Selbst wenn es glaubt alles unter Kontrolle zu haben. Nichts ist unter seiner Kontrolle. Darin ist es allerdings unbegrenzt souverän. ☺

Unterbrechung des Nichts

Eine psychiatrische Klinik stellte einen Briefträger als Oberarzt an. Von Beruf war Postel Briefträger und ließ sich als «Dr. Dr. Clemens von Bartholdy» als Amtsarzt in Flensburg sowie als Stationsarzt in einer psychiatrischen Klinik bei Leipzig anstellen. Er arbeitete dort zwei Jahre lang, bevor er wegen Hochstapelei verurteilt wurde... Postel macht für sich geltend: «Deutlicher als ich kann man es nicht machen – das System entlarven.» Er habe sich «als Hochstapler unter Hochstapler begeben». Unterdessen ist Postel als Betrüger verurteilt: «Da kommt ein Postbote von der Straße und macht den Job besser als die Psychiater.» Laut Spiegel, der ihn als «Artist» bezeichnete, hat Postel als Amtsarzt in Flensburg die Zwangseinweisungsrate um 86 Prozent gesenkt... In Flensburg wollte ihm sein Vorgesetzter sogar eine Professorenstelle an der Kieler Universität verschaffen. Als ihn sein Chef fragte, über welches Thema er denn seinen Doktor gemacht habe, antwortete Postel, er habe zwei Doktortitel, einen in Psychologie, wo er über «Kognitive Wahrnehmungsverzerrungen in der stereotypen Urteilsbildung» promoviert habe.[49]

Großartige Story finde ich! Nicht nur um das System bloßzustellen, das von Titeln lebt, die nichts, aber auch gar nichts über den Wert und die Kompetenz eines Menschen aussagen. Wortgeklingel, darauf kommt es in der Gesellschaft an, weit weniger als auf Fakten.

Ach weißt du, die ganze Welt ist eine Irrenanstalt! So nannte man früher psychiatrische Kliniken und ich bin mir nicht einmal sicher, ob ich sie noch so nennen darf. Schließlich darf man dunkelhäutige Menschen auch nicht mehr Neger nennen. Ich krieg das aber, 1949 geboren, aus meinem System nicht mehr raus. ☺

---

[49] Quelle: http://www.infosperber.ch/Artikel/Gesundheit/Hochstapler-Ich-entlarvte-Arzte-als-Hochstapler

„Das Leben ist eine schreckliche Unterbrechung des NICHTS", sagte einst die österreichische Kaiserin Sissi. Vermutlich hatte sie da gerade Liebeskummer und übersah daher die andere, die helle Seite der Dualität, die exakt bei 50 Prozent liegt, sonst würde Welt nicht funktionieren. Grundsätzlich jedoch hat sie vollkommen recht. Im Allgemeinen denken wir der Tod sei die fatale Unterbrechung des (ewigen) Lebens. Wir tun gut daran, wenn wir daran nicht glauben (können). Denn es ist genau anders rum: das Leben unterbricht unseren grundlegenden Zustand – das Nichts! Nichts zu sein, Freunde, das ist es! Und damit nicht „mehr" sein zu müssen als nichts. Und wenn das erst mal klar ist, bist du dankbar für die „Unterbrechung". Und spielst das *absurde Theater* mit.

Hinsichtlich der funktionellen Seite der Welt spielt es nicht die geringste Rolle, wie irre sie ist. Es ist eben wirklich Theater. Und wie absurd solches Theater sein kann, wissen wir alle, wenn wir uns eins dieser modernen Stücke ansehen, denen ich allerdings keine volle Minute mit Vergnügen zusehen kann. Die Inszenierung ändert ja nichts an der Bühne, auf der gespielt wird. Die hält allem stand, was sich auf ihr abspielt.

Un-Verrückt sozusagen. ☺

Ist dein Leben gerade etwas krumm? Spielen sich Dinge ab, die dir absurd erscheinen? Läuft gerade nicht alles am Schnürchen? Fühlst du dich wie eingeklemmt in die Maschinerie existenzsichernder Maßnahmen, die jedoch, wenn du sie ändern würdest, lediglich eine andere in Gang setzen würde? Wo auch immer du bist, was auch immer du tust, wie auch immer du dich verhältst, grundlegend wirst du das System, das Existenz möglich macht, nicht verändern. Brauchst du auch nicht.

Es ist in vollkommener Balance.

Einzig im Nichts, also in dem, was du nicht bist, ist Freiheit. Wenn du im Tiefschlaf bist, kannst du sie zwar nicht genießen, doch genau da ist sie Realität. Du atmest zwar noch, dein Herz schlägt, das Blut wird durch deine Adern gepumpt, deine Organe tun nach wie vor ihren Dienst, dein Bewusstsein jedoch ist temporär suspendiert. Und wenn du morgens erwachen könntest mit dem Bewusstsein, dass dieser grundlegende Zustand lediglich eine *temporäre Unterbrechung* erfährt, um Welttheater zu spielen bzw. erleben zu können, würden dich die Absurditäten und Skurrilitäten der Welt weit weniger in Rage bringen, als sie es tun, solange du glaubst, dass du de facto bist, was erscheint.

Nein, du bist *worin* alles erscheint! Selbst dein Körper erscheint nur und zwar niemals ohne den Kontext, in dem er erscheint. Erwachst du, ist sofort (d)eine Erlebniswelt da und du vermagst deine Person nicht aus ihm herauszutrennen. Der schlagende Beweis dafür, dass du lediglich wahrnimmst, nicht bist, was jeweils geschieht.

In diesem Bewusstsein bist du *unfähig nicht* zu akzeptieren dass (deine) Welt ist wie sie ist, ohne dir suggerieren zu müssen, dass du sie akzeptierst wie sie ist. Bist du in deiner Wahrnehmung Nichts, welches mit Tagesanbruch lediglich eine *temporäre Unterbrechung* erfährt, haftet ihr kein Makel mehr an. Selbst dann nicht, wenn ein sogenannter Makel erscheint! Selbst wenn so irre Dinge passieren wie sie die Medien Tag für Tag transportieren. Selbst wenn sie in deiner eigenen Erfahrung auftauchen. Na und? Ich hab's öfter gesagt und wiederhole mich darin gern: Selbst um ein einziges Mal vor dem Spiegel zu stehen und deine Haare zu kämmen (sofern du noch welche hast☺) hätte es sich zu leben gelohnt, weil's selbst diese relativ unwichtige Handlung im Nichtsein nicht gibt.

Diese Klarheit rückt die Dinge zurecht. Keine Methode kann das. Keine Philosophie. Kein Konzept und erwiese es sich auch noch so hilfreich für den Moment.

Deine Fixierung auf Veränderung stoppt! Ganz von selbst. Denn Veränderung ist ohnehin das einzig Beständige im Welttheater. Gestern hörte ich jemand erzählen, er werde in einigen Monaten Vater und seine Umzugspläne seien damit zunichte gemacht. Worauf ein anderer Blaise Pascal zitierte, der sagte: Weißt Du, wie Du Gott zum Lachen bringen kannst? Erzähl ihm Deine Pläne!

An Plänen ist freilich nichts Verwerfliches. Wenn du dir darüber klar bist, dass sie sich nicht zwingend verwirklichen müssen, dass es ganz anders kommen kann als geplant, wirst du jedoch nicht in Trauer versinken, wenn sie den Bach runter gehen. Alles was du erlebst ist dann in jedem Fall mehr als das Nichts, das du bist und das erneut sozusagen einen Tagesausflug ins Sein macht.

Sich auf seine wahre Natur zu beschränken und damit aufs Nichts reduziert deine Lebensfreude nicht etwa. Es führt mitnichten in die Resignation. Nein, es macht vielmehr das Herz leicht und lässt die Augen leuchten. Selbst ein Gänseblümchen bedeutet dir etwas. Denn es wächst heraus aus dem Nichts, das du bist. Du weißt zwar nie weshalb die Dinge so geschehen, wie sie geschehen. Aber das ficht dich nicht mehr an. In jedem Fall ist es Ergebnis der temporären Unterbrechung des Nichtseins. Und damit ein Wunder. Du lebst nun in Wonderland.

Zu nichts imstande

Der Mensch ist gleichermaßen außerstande, das Nichts zu sehen, dem er entstammt, wie das All, das ihn umgibt.

Blaise Pascal

Der Mensch ist zu überhaupt nichts imstande, da er lediglich als Instrument dient. Das dies (in) den meisten Instrumenten verborgen bleibt, ist überhaupt kein Problem. Denn das was wahrnimmt nutzt die allermeisten Instrumente überhaupt nicht, um sich selbst zu erkennen. Das ist keine Behauptung, sondern zu offensichtlich, um übersehen werden zu können. Mit den meisten Instrumenten wird Welt als Mittel betrachtet, um zu fressen, zu saufen und last but not least auch zu ficken. Guck dir den Massenmensch an. Glaub mir kein Wort. Beobachte einfach und komm dann zu deinem eigenen belastbaren Ergebnis.

Und ich behaupte nicht einmal, Leben „nur" so zu erfahren sei falsch! Oder unterbelichtet. Wenngleich es in meiner Wahrnehmung freilich so aussieht. Denn mit diesem Instrument, auf dem das Etikett WernerAblass klebt, wird wahrgenommen, dass diese Welt nur existiert, weil sie während des Gewahrens als eine solche erscheint.

Das All! Das klingt so gewaltig. Das All! Ach diese Weiten und Tiefen! Dabei handelt es sich sozusagen nur um eine optische Täuschung. Als Kind dachte ich, die Sterne seien an den Himmel geklebt und der Himmel sei nur um ein paar Meter höher als der Wipfel des höchsten Baumes im Wald. Erst später erfuhr ich, dass dies nicht stimmt. Das manch ein Stern sogar schon verglüht ist, wenn sein Licht unser Auge erreicht. Aber der Eindruck ist noch immer der Gleiche wie der als Kind. Jene Entfernungen, die wissenschaftlich exakt sind, sind für meine Wahrnehmung überhaupt nicht von Bedeutung. Sie sind unbedeutender als der Geschmack meines Kaffees. Wobei ich nicht zu verleugnen vermag, dass die größte Faszination (für mich) nicht in den Phänomenen selbst liegt, sondern dem, was dieselben wahrzunehmen vermag. Und das war schon als Kind so. Das dahinter erschien mir immer interessanter als das da vorn.

Doch was kann Werner dafür? Nichts! Dieses Instrument dient eben dazu. Es ist so programmiert. Es fungiert als eine Art Kamera und macht sozusagen eine Nahaufnahme dessen, was wahrnimmt. Denn ob du es nun zu glauben vermagst oder nicht: Das All ist eine optische Täuschung. Es basiert auf dem was wahrnimmt und ohne das, was wahrnimmt, gibt's nichts. Überhaupt nichts. Nicht einmal ein Atom oder Quark[50].

Und selbst dafür kann das was wahrnimmt nichts. Es hat das All nicht etwa kreiert wie der Bauingenieur das Burj Khalifa[51]. Und selbst den Bauingenieur, der den Turm plante, kreierte Gewahrsein nicht. Es ist nur so: Wenn Gewahrsein aktiv ist bzw. gerade nicht suspendiert ist für ein Instrument, *geschehen* all diese Dinge.

Wer *kreiert* denn deine nächtliche Traumwelt? Überprüf es! Alles was du „tun" musst, um nachts träumen zu können, ist, dich ins Bett zu legen und einzuschlafen. Oder gibt's noch andere Voraussetzungen? Sag mir, wie ist es wohl möglich, dass dir im nächtlichen Traum die Welt mindestens ebenso real erscheint wie des Tags? Wie „machst" du das denn? Wie kriegst du das hin, dass du eine Person wahrnimmst, von der du annimmst: Hey, das bin ich! Und dazu weitere Personen in deinem Umfeld, die mit dir sprechen, dich beglücken, verehren, bestehlen oder ermorden? Wie machst du dir denn die Gefühle dabei? Die schönen und hässlichen? Die orgastischen und panischen, die dich womöglich mit schreckgeweiteten Augen aufwachen lassen. Hast du das geplant? Hast du es kreiert? Hast du es dir erarbeitet? Nein? Kam einfach zustande? Wie weißt du nicht? Ach nee! Wie ist das nur möglich?

---

[50] **Quarks** ([kwɔrk], [kwɑːk] oder [kwɑrk]) sind die elementaren Bestandteile (Elementarteilchen), aus denen entsprechend dem aktuellen Stand der Physik Hadronen (z. B. die Atomkern-Bausteine Protonen und Neutronen) bestehen. (Wikipedia)

[51] Mit 828 Metern das zur Zeit (2013) höchste Gebäude der Welt in Dubai.

Genauso geschieht All(es)! Genauso. Knipst Gewahren (sich) an, erscheint Welt. Dazu braucht's keinen Schöpfer, der sich mühsam ans Werk macht, um im Sechstagerennen schnell mal das Weltall zu machen, um sich am 7ten Tag ausruhen zu können. Da braucht's auch keinen Urknall und keine Evolution. Alles was nötig ist, ist, wie im nächtlichen Traum, dass geträumt wird. So kreativ I S T das was wahrnimmt. Dazu muss es nix tun.

Gar nix tun und alles erreichen! SO ist das was wahrnimmt. Und daher kann ich nur empfehlen, dich dran zu erinnern. So bist nämlich du. Genauso. Denn du bist kein Mensch. Iwo. Du bist das, was (den) Mensch wahrnimmt. Das bist du und sonst gar nix. Und wenn du jetzt den Kopf schütteln solltest, ist das schlicht das, was gerade so wahrnimmt. Nicht korrigiert. Nicht dekonditioniert. Nicht natürlich. Na und? Es ist in jedem Fall das was wahrnimmt. Weils nix anderes gibt. Nur Erscheinungen. Um nicht zu sagen: Gespenster! Freilich phänomenal. Was denn sonst?

Und Blaise Pascal? Recht hater natürlich. Der Mensch ist außerstande. Warum? Weiler sozusagen geträumt wird. Das was wahrnimmt jedoch ist ebenfalls außerstande irgendetwas (anders) zu machen. Weil eben nur wahrgenommen wird. Es hat nix unter Kontrolle. Dennoch läuft nix aus dem Ruder. Weil das was wahrnimmt, erst gar nicht rudert. Das Boot fährt so oder so genau dahin, wo es hinfährt oder drauf fährt oder gar nicht mehr fährt, weil's zuvor untergeht.

Mehr als zu sterben ist ja nicht möglich. Und da du ohnehin nicht existierst, ist es ja nicht ganz so schlimm, wie es dir womöglich (noch) erscheint. ☺ ☯

Wahn(Witz)

Lieber Werner, als ich deinen neuen Text zu lesen begann, dachte ich mich tritt ein Pferd! Das ist doch nicht Werner, was schreibt er denn da nur! Ich blickte nicht, dass du nur die Szene der Realitätsgestaltung vergackeierst. Aber als ich dann das mit der Mohrrübe vor der Nase las, musste ich mich gleich selbst an die Nase fassen, weil die auch noch vor meiner rum baumelt. Leben ist so wie es ist, das stimmt hundertprozentig, doch die Rübe ist trotzdem da und ich frage mich, wenn sie denn da ist, dann muss sie doch eigentlich auch Leben sein wie es ist, oder?

Die Mohrrübe vor der Nase ist nicht das Problem, sondern der, der nach ihr greift und nicht aufhört nach ihr zu greifen. Und selbst das Greifen ist nicht das Problem, sondern die Einbildung, dass da einer wäre, der greift.

Ich will ehrlich sein, und das ist schließlich mein Markenzeichen, das ich nicht aufs Spiel setzen will. ☺ Auch vor meiner Nase baumelt zeitweise eine Rübe. Da ist eine Sache, die ich gern hätte, die sich mir aber bisher verweigert. Die meisten Rüben hab ich schließlich zu essen gekriegt. Nicht weil ich sie mir schnappte freilich. Sie wurden abgeschnitten und flogen mir sozusagen ins Maul. Bis auf eine. Die hängt noch. Die hat noch nicht fliegen gelernt. Und wer weiß, ob sie mir bestimmt ist…

Ich finde es ärgerlich, dass sie sich mir verweigert. Manchmal bin ich auch traurig darüber. Dann singe ich ein Klagelied. Und es kann sogar passieren, dass ich darum bitte, sie endlich zwischen meinen Zähnen genussvoll zermalmen zu können.

Aber das alles geschieht… ohne mich! Es ist Leben so wie es ist. Und das Leben funktioniert ohne mich. Und optimal funktioniert es „nur" ohne mich.

Im Allgemeinen lehren spirituelle Lehrer, dass man zu wünschen aufhört, wenn klar ist, dass Leben einfach ist wie es ist. Das ist gröbster Unfug! Wünsche gehören ebenso zum Leben wie Wunschlosigkeit.

Selbst bei einem verhältnismäßig winzigen Mangel wie Schnupfen erscheint der Wunsch, er möge verschwinden, denn er behindert die Funktion des Systems. Und weil der Wunsch erscheint, schmiert man sich beispielsweise japanisches Heilpflanzenöl in die Nasenlöcher. Ohne den Wunsch nach möglichst rascher Gesundung würde man ja nichts gegen eine Behinderung tun! Also vergiss den spirituellen Käse der Wunschlosigkeit! Er stinkt mehr als Ollmützer Quargel.

Leben ist wie es ist, jedoch ohne jemand, der glaubt, er sei am Leben! Hier ist die Wurzel deiner Misere. Hier und nirgendwo anders. Dieser Typ vermiest dir nicht nur das Wünschen, sondern sogar die Wunschlosigkeit. Selbst wenn alles in Ordnung zu sein scheint, ist er am Rummosern. Für ihn ist nie alles okay wie es ist. Es gibt immer etwas, was ihn stört.

Wünsche können erscheinen. Der jedoch, der sich an ihnen festbeißt, der wird nicht mehr erlebt. Denn der hat mit dem Leben selbst nichts zu tun. Er ist das Hirngespinst, nicht etwa der Wunsch. Er ist nicht nur wie die Körperwelt virtueller Natur, sondern Wahn(Witz)[52]!

Die Erfüllung eines Wunsches kann sogar „dringlich" erscheinen. Nehmen wir nur einmal an, du wärst in eine Gletscherspalte gefallen und zu allem Unglück allein. Keiner da, der dein Rufen hört! Meinst du denn der Überlebenstrieb deines Körpergeistsystems würde sterben, bevor du in der Eiseskälte erfrierst? Mitnichten, das System ist so angelegt, dass es nicht aufgeben kann. Und zweifelsfrei wirst du um einen Retter bitten. Selbst dann, wenn du nicht an Gott glaubst.

Dies alles könnte und würde auch ohne einen, der glaubt, es würde „ihm" widerfahren, geschehen. Ist dieser Wahn(Witz) jedoch vorhanden, potenzierte sich sowohl die Angst als auch der Wunsch gerettet zu werden. Angst würde zur Panik und der Wunsch zur Verzweiflung, solange er sich nicht erfüllt.

Der Mensch wird ohne den Wahn(Witz) nicht etwa zu einem erhabenen Wesen, das sich gottergeben in sein Schicksal fügt. So ist das

---

[52] Etwas völlig Unsinniges, Abwegiges oder Unvernünftiges mit oft gefährlichen Risiken. (Wiktionary)

nicht gemeint, wenn ich sage, das Ende unserer Misere liege in der Klarheit, dass das Leben nun mal ist wie es ist. Das Ende des Leidens liegt im Ende des Wahns, „ich" sei am Leben und es widerfahre „mir". Wenn dann die Rübe vor der Nase baumelt und begehrenswert erscheint, wird die Erscheinung nicht etwa verleugnet. Sie setzt jedoch nicht jene Maschinerie in Gang, die der Wahn(Witz) mit sich bringt. Er allein ist es, nicht etwa die Rübe, die zur Panik, zur Verzweiflung, ja, zur kompletten Überforderung des Systems führen kann.

Mir kann alles passieren, was dem Normalo geschieht. Nur eins ist ausgeschlossen: der wahnwitzige Eindruck, „ich" sei betroffen.

Sela.

Mach dir keinen Kopf

Hallo Werner, ich habe Deine Bücher entdeckt und sie gelesen, sie sind ein wahrer Segen für mich. Jetzt sehe ich klarer.

Meine spirituelle Suche beschränkt sich mehrheitlich aufs Bücher lesen. Eine schwere Sinnkrise, gewisse Erfahrungen und eine Bekannte haben mich auf diesen Weg geschubst und da sie eine gute Lehrerin ist, hat sie mir auch noch gleich vorgelebt, wie man es dann bitte nicht machen sollte. Dazu habe ich einen Mann mit viel gesundem Menschenverstand, der dann meistens ziemlich schnell durchblickt. Also hatte ich viel Glück. Ansonsten bin ich mit meinem Leben wirklich zufrieden, wenn ich nicht dankbar wäre, wäre ich wirklich undankbar. Ich konnte alles im Schnelldurchgang erledigen, so Dinge wie Positives Denken und Mentaltraining usw. habe ich nach zweiwöchigen Versuchen wieder weggelegt. Das ist Manipulation und das Leben kann man nicht manipulieren. Ich bin ziemlich schnell zu den Büchern vorgestoßen von Jed McKenna, Ramesh Balsekar, Maharaj, Toni Parsons und wie sie alle heißen. Jeder auf seine Art, aber sie sagen alle das Gleiche. Ich habe schnell festgestellt, dass es nur meine Gedanken sind, die das „wahre Leben" verhindern. Dazu kamen noch gewisse Erlebnisse, die einfach unbeschreiblich sind. Weil kaum Gedanken da waren, war ich dann stundenlang in einem unglaublichen Flow.

Ja, und da bin ich dann jahrelang stecken geblieben! Ich habe meine Gedanken für alles verantwortlich gemacht, ich habe sie abgelehnt, gegen sie gekämpft, ich sollte doch still sein!!!! Radio und Fernsehen, sie haben etwas sehr Schönes, sie haben einen Knopf zum Abstellen. Ich habe nur einen großen Wunsch, endlich diesen Knopf zu finden, zum Abstellen. Es ist mir egal ob sie negativ oder positiv sind (meistens sind sie nämlich positiv) oder diese blödsinnigen inneren Dialoge. Die Gedanken die mir helfen mich in diesem Leben zurechtzufinden (der arbeitende Verstand) die stören mich gar nicht, die sind aber auch schnell und effizient.

Das Resultat dieser ganzen Ablehnung: Die Gedanken bekamen Junge, wurden immer mehr und immer aufdringlicher, dieser ganze

Lärm im Kopf, das ist ja wie Tinnitus. Dabei nehme ich sie ja noch nicht einmal ernst, ich nehme überhaupt nichts wirklich ernst.

Jetzt habe ich Deine Bücher gelesen, so glasklar wie Du hat sich (in meinen Augen) noch niemand ausgedrückt. Ich könnte es ja mal mit Liebe versuchen anstatt mit Ablehnung. Auf so eine Idee bin ich bis jetzt komischerweise noch nicht gekommen.

Ich identifiziere mich nämlich immer wieder mit ihnen, ich hasse diese Gedanken, aber ich kann mich dafür lieben, dass ich sie hasse, das geht. Alles andere kann ich viel eher lieben und was in meinem Leben so alles passiert seither ist schier unglaublich. Ich muss nur meiner Intuition folgen, dann kommt alles bestens.

Ich habe ein Pferd und arbeite viel mit ihnen. „Pferde sind dumm" hat man mir gesagt (eine gängige Meinung übrigens) „sonst würden sie sich nicht alles gefallen lassen, was die Menschen so mit ihnen machen". Es ist wahr, was Pferde unter der Menschheit gelitten haben ist unglaublich, und die Leidensfähigkeit der Pferde geht bis zur Selbstaufopferung. Nun viele sagen dass sie dumm seien, wenn man bedenkt, dass man immer nur sich selbst sieht!!! Ich habe das immer ganz anders gesehen und jetzt (deine Bücher) ist es mir ganz klar geworden. Das grundlegende Merkmal der Pferde ist Hingabe. Hingabe ist Liebe und das Wesen der Liebe ist nun mal Hingabe, Hingabe, die manchmal bis zum Äußersten geht. Wie Pferde manchmal leben mussten, das hat mich früher richtig krank gemacht und Pferde sind nur ein Beispiel.

Vorgestern habe ich Unkraut gejätet, das ist nicht unbedingt meine Lieblingsbeschäftigung. Plötzlich, wie es mir manchmal passiert, sehe ich Händen zu, die da arbeiten, wie in einem Film. Sind das meine Hände? Natürlich weiß ich das, aber es fühlt sich so komisch an, wie jemand anders. Juhu, ein anderer macht's! Etwas? Schaut einfach zu! Gleichzeitig ist da so eine satte Zufriedenheit. Oder: „ich" gehe vom Wohnzimmer den Gang hinüber ins Büro. Etwas geht da durch den Gang, oder besser noch der Gang geht vorüber, alles so substanzlos, so unwirklich, fühlt sich aber irgendwie super an! Dann im Büro bin

ich dann wieder da! Wieso kommt und geht das? Wieso müssen Gedanken kommen und mich da immer wieder zurückziehen?
Vielen, vielen Dank für Deine Bücher, die ich jetzt zum zweiten Mal lese.

Vermutlich wirst du danach wissen, wieso. Dem möchte ich nicht vorgreifen. Sonst wäre die Suche vorbei. So bleibt dir wenigstens noch eine kleine Wegstrecke, bis sich auch diese Frage erledigt. ☺

Diese Substanzlosigkeit, die du bereits ab und zu empfindest, ist nur zu Beginn mit satter Zufriedenheit verbunden. Man(n) (auch frau) gewöhnt sich daran. Dann bleibt nur Substanzlosigkeit. Der Kontrast zu vorher verschwindet jedoch und damit auch das, was du satte Zufriedenheit nennst.

Man wird freilich nicht unzufrieden. Das geht gar nicht mehr. Also selbst dann, wenn ein Mangel erscheint, suspendiert er den Frieden nicht. Und Unzu(frieden)heit könnte ja nur mangels Frieden erscheinen. Unzufriedenheit ist ja letztlich nichts anderes als Friede, der in Klammer steht. Obwohl er da ist. Nur isser eben da wo nix ist, so dass nix und friede im Grunde das Gleiche sind. Aber wer will schon nix? Niemand natürlich. Friede findet sich nur, wenn du (im) nichts bist.

Die Substanzlosigkeit wird desto mehr wahrgenommen, je weniger das, was erscheint, als das erscheint, was es nicht ist. So wird das jedoch mit den meisten Menschen wahrgenommen. Oho, sehr substantiell! Daher auch monatelanger Ärger über ... nichts! Weil es so substantiell „erscheint". *Der hat mich dermaßen beleidigt, das kann ich nicht vergessen. Unmöglich!* Weil es so substantiell erscheint, hängt man sich (dran) auf. Wirklich. Je substantieller einem das Leben erscheint, desto schneller greift man zum Strick. Dabei ist die Substanz der Form aus nichts gemacht.

„Es gibt nur Dinge, weil es keine gibt", erkannte Sartre in einem Moment äußerster Klarheit. „Doch kein notwendiges Sein kann die Existenz erklären: die Kontingenz ist kein Trug, kein Schein, den man vertreiben kann; sie ist das Absolute, folglich die vollkommene Grundlosigkeit. Alles ist grundlos, dieser Park, diese Stadt und ich selbst.[53]" Ob diese Klarheit mal schwächer, mal stärker ist, ist dir irgendwann gleichgültig. Es sind ohnehin nur Erfahrungen, nicht die Klarheit. Einmal klar, immer klar. Ich hab schon bitterlich geweint, während die Klarheit „hinter meinem Rücken" gelacht hat. Leise natürlich, um mich nicht zu stören beim Weinen. Die Klarheit ist sehr diskret, weißt du. Die Klarheit lacht immer. Selbst wenn's dir zum Weinen ist. Und manchmal ist dir zum Weinen. Schon weil es Pole gibt. Was wäre der Südpol ohne den Nordpol? Gar kein Pol, nichtwahr?

Der Wunsch nach Rückzug von Gedanken erfüllt sich dann, wenn klar ist, dass sie substanzlos sind. (Ach, nun ist es mir doch rausgerutscht! Ich wollte dich doch eigentlich noch ein wenig zappeln lassen. Da siehst du wie frei der Wille ist!) Ebenso substanzlos wie der Gang vom Wohnzimmer ins Büro und das, was ihn durchquert. Eigenartigerweise erscheinen Gedanken manchmal substanzieller als Gänge und Büros. Sobald Gedanken aber als Vögel ohne Flügel erblickt werden können, denn was anderes sind Gedanken nicht, ist ihre Macht gebrochen. Dann lässt man sie einfach kreisen. Und weil ihnen das nicht gefällt, denn sie kreisen nur um sich niederzulassen und dir das Hirn zu zerpicken, fliegen sie weg und suchen sich ein anderes Opfer. Eins das sich zum Opfer machen lässt, meine ich. Das sind durch die Bank solche, die ihnen Glauben schenken. In der Fachsprache nennt man diesen Vorgang Identifizierung. Du denkst dann, dass **du** denkst, was **sich** lediglich denkt. Ohne einen Denker. Ein Wahnsinn ohnegleichen ist das. Ich weiß nicht was schlimmer ist: Bein ab oder Kopf dran. Kopf als Symbol für den Gedanken: Ich denk das. Wiederum im Sinne von: Das stimmt! Das ist wahr!

Mag ja sogar sein, dass es wahr ist. Vielleicht bist du ja wirklich ein toller Hecht oder ein Loser. Je nachdem was sich denkt. In keinem Fall aber bist du das, was sich denkt. Und das ist ein überprüfbarer Fakt. Du brauchst ja nur überprüfen, ob Gedanken entstehen oder von dir er-

---

[53] Zitat aus Sartres Roman "Der Ekel".

zeugt werden. Schon ist es klar! Das ganze Zeug ist so unkontrollierbar wie Sommerreifen, die überraschend auf Blitzeis geraten.

So beruhigen sich die Emotionen, die ja von Gedanken angeheizt werden. Wer nicht denkt, fühlt auch nichts! Deswegen gibt man Wahnsinnigen Psychopharmaka. Die machen den Kopf matschig, er produziert nicht mehr und dann schau sie dir an. Sehen aus wie hingeschissen. Augen leer. Mund offen. Bewegungen wie in Zeitlupe.

Grüß mir deine Pferde, die Hingabe und damit Liebe verkörpern!

Unpersönliche Hundstage

Worum geht's denn in deinem Dienst essentiell? Würdest du mir diese Frage stellen, würde ich ohne zu zögern antworten: Verstehen, dass niemand etwas tut, dass alles geschieht, wohinter sich zwar kein persönlicher Gott, jedoch unendliche Liebe und Weisheit verbirgt. So dass du getrost sein kannst. Ja, getrost.

Es gibt Hundstage. Und sie gehören zum Leben. An solchen Tagen sitz ich rum und seh' aus wie eine englische Bulldogge. Da ich aus Erfahrung weiß, dass sie ebenso vorüber gehen wie ein Tag, der nach Vanilleeis mit heißen Himbeeren schmeckt, wehre ich mich nicht. Ich lass das zu, könnte man sagen, was natürlich nur dann richtig klingt, wenn man sich dessen bewusst ist, dass ich das nicht tue. Einfach deshalb, weil es gar keinen individuellen Handelnden gibt.

Daher ist mir das Ego-Geschwafel suspekt. Die Diskussion, ob ein Lehrer wie Madhukar arrogant ist und noch ein Ego hat, weil er – wie ich gestern in einem Connection-Artikel[54] las – Schülerinnen fickt[55], um sie vom Ego zu befreien, ist so töricht wie sinnlos. Weils kein Ego gibt! Weder in Madhukar noch in den gefickten (und leider auch ungefickt bleibenden) Schülerinnen. Schlicht deshalb, weil es kein Ego gibt. Man kann freilich über das Ego reden, finden wird man keines.

Es gibt nur eines und das ist was geschieht. Von niemand für niemand. Und doch – und das ist ja das herzerwärmende, menschliche dabei – es „wirkt" sooooo persönlich! Ich meine, wenn ich meiner Partnerin Iris in die Augen schau, denk ich doch nicht: Ach da ist ja niemand! Verstehst du? Das niemand da ist, ist eh sonnenklar. Und natürlich auch, dass niemand was tut. Und doch sag ich mir gestern Abend während des Spiels des BVB gegen Real Madrid: Was für ein Klasse Spieler, dieser Robert Lewandowski, der alle 4 Tore schoss! Wenn er den Mund aufmacht, wirkt er auf mich zwar wie ein Sonder-

---

[54] Martin Erdmann, satsa.de, aus der Buchvorlage Erleuchtung statt Verdummung.
[55] Ficken steht nicht explizit da, entspricht lediglich meinem vulgären, entspiritualisierten Sprachgebrauch.

schüler, wie viele Fußballer, aber da die ihre Intelligenz eben in den Beinen haben, kann ja für das Sprachzentrum nicht all zuviel übrig bleiben. Und wenn ein Handwerker pfuscht, kannst du nicht tatenlos zusehen, obgleich der Nichtsnutz wahrhaft nichts tut. Du musst dann einfach so tun, als hätte er für viel Geld nur Scheiße gebaut und ihm dies auch so „persönlich" sagen, dass er mindestens eine Nacht lang nicht einschlafen kann! Besser wären zwei. Und am besten wäre, er würde erst gar nicht auf die Idee kommen, dir für den Murks eine Rechnung zu schreiben.

Du aber kannst ausgezeichnet schlafen! Dir kommt noch nicht einmal die Idee, du könntest ihn gestern gerügt oder gar gemaßregelt haben. Und natürlich weißt du genau, dass auch er nur getan hat, was er tun musste, obwohl er nicht getan hat, was er tun sollte.

Madhukar fickt das Ego aus seinen Schülerinnen. Der Klempner fickt dich und du ihn. Und letztlich tut keiner irgendwas. Obwohl es so aussieht, als würde keiner nichts tun.

Und wenn das erst mal klar ist, mein Freund, dann hätte dieser weltweit einmalige Dienst wirklich Wirkung gezeigt! Wenn du also im alltäglichen Leben tust was zu tun ist, ohne dem Eindruck handelnder Personen (einschließlich deiner) auf den Leim zu gehen.

Ich könnte brüllen vor Lachen wenn ich eine bestimmte Satsang-Lehrerin übers „ichen" sprechen höre. Klar kann die nix dafür, dass sie solchen Unsinn schwallt, sie tut ja auch nix. Aber das hält mich doch nicht davon ab, klar zu sehen, dass sie nix sieht. Wer vom „ichen" spricht, sieht ein Ich. Und wer ein Ich sieht, sieht an der Wahrheit vorbei, dass es keins gibt. So einfach ist das. Ich frag mich worüber die eigentlich redet? Vermutlich über Nix. So wie ich… ☺

Und auch du selbst kannst dich – unpersönlich wie du an sich bist – doch auch nicht rausziehen aus der Betriebsamkeit des Persönlichen. Du kannst nicht unpersönlich bleiben, obgleich du es bist. Du kannst es nur sehen. Klar oder weniger klar.

Persönlich zu reagieren ist daher nicht falsch. Es ist sogar die einzige Möglichkeit um überhaupt zu reagieren. Denn dir begegnen nun mal Personen. Obgleich keine von ihnen tatsächlich existiert. Nix dahinter!

Das offenbart sich deinem inneren Auge. Du spielt das Theater der Persönlichkeit mit, obgleich du genau weißt, was hier gespielt wird. Nichts nämlich, das sich aber gebärdet, als wäre es alles andere als nichts! Wie willst du denn jemand anders als virtuell fertig machen? Und wie könntest du es jemandem übel nehmen, wenn er übel über dich spricht? Die arme Sau ist doch gar nicht fähig, dich anders zu sehen, als er dich eben sieht!

Ich erinnere mich an eine Geschichte, die mir ein Besucher von Ramesh Balsekar während eines Mittagessens in Mumbai erzählte. Er war einmal im Haus der Balsekars, als kein Meeting anberaumt war. Eine Putzfrau war mit Reinigungsarbeiten beschäftigt, als Ramesh hinzu trat und sie in ernstem Ton rügte. Das schockte jenen Besucher. Wie konnte der Erleuchtete nur so „persönlich" reagieren? Ich dagegen stelle die Frage: Wie hätte er denn *unpersönlich* überhaupt reagieren können?

Welch ein Missverständnis der Wahrheit, dass niemand was tut! Schau in die Welt! Sag mir, siehst du Personen handeln? Also ich seh' nichts anderes! Überall auf dem Planeten handeln Personen. So sieht es zumindest aus. Oder nicht? Man mag dazu stehen wie man will, Uli Hoeneß hat nun einmal Steuern hinterzogen. Und der Fakt, dass niemand etwas tut, wird ihn nicht vor den Maßnahmen der Behörden gegen Steuersünder bewahren. Aber die Maschinerie läuft eben, obgleich unpersönlich, äußerst persönlich.

Anders wäre Leben nicht (er)lebbar. Es muss danach aussehen, als wären Personen am Werk. Und wenn eine Putzfrau keinen guten Job macht, obwohl sie dafür bezahlt wird, muss man sie rügen, außer man nimmt in Kauf, dass die Wohnung schmutzig bleibt. Ob man Ramesh Balsekar oder Heinrich Müller heißt spielt keine Rolle. Wir alle haben unsere Rolle zu spielen und die spielt sich genauso, wie sie sich spielen soll.

Ist dir das aber bewusst, wirst du hinter den scheinbar handelnden Personen, einschließlich deiner und allem Ungemach, das sie dir manchmal bereiten, Liebe und Weisheit zu sehen vermögen. Und das ist ein Unterschied in der Wahrnehmung, den exorbitant zu nennen, keineswegs übertrieben wäre.

Sela!

Du kriegst das Leben nicht in den Griff

Du musst es nicht verstehen. Obwohl du es natürlich verstehen willst. Und solche Fragen wie: Was will mir das Leben (Gott, der Kosmos) damit zeigen, sind halt bei vielen von uns tief drin im System! Wir, das sind die, die nicht an den Zufall glauben können. Und selbst wenn der Kosmos auf Zufall beruhen würde, wäre derselbe außerordentlich weise und ökonomisch. Dinge laufen quer, eigenartig, unverständlich. Ich denke du kennst das. Oder läuft bei dir immer alles wie am Schnürchen? Dann klick diesen Text weg. Er ist für all jene geschrieben, die den Kopf schütteln. Denen das Leben absurd und unverständlich erscheint. Zumindest in weiten Teilen. Die sich die Frage stellen: Wie geht's weiter? Geht's überhaupt weiter? In welche Richtung geht's denn? Oder geht gar nichts mehr? Will ich überhaupt noch gehen? Wozu eigentlich? Für was Gott verdammt! Was ich auch tue, welche Richtung ich auch immer einschlage, was könnte sich denn grundsätzlich ändern? Grundsätzlich wie gesagt. Denn äußerlich kann sich natürlich unglaublich viel ändern. Du könntest dich von deinem Partner trennen oder einen affengeilen kennenlernen, wenn du schon gefühlte 100 Jahre allein lebst. Du könntest einen lukrativen Job bekommen, der dich nach Malaysia, auf die Philippininnen und später dann auf Korsika führt. Du könntest weltweit bekannt werden wie ein bunter Hund, indem du eine Splitterbombe baust (Anleitung dazu könntest du googeln), sie auf irgendeinem Volksfest im Bierzelt abstellst und dabei akribisch genau darauf achtest, dass die Videokameras dein Gesicht während der Tat voll ins Objektiv kriegen.

Hast du es schon spitz gekriegt? Hast du es bemerkt? Ist es dir bereits aufgefallen? 1. Leben ist absurd. 2. Du kriegst es nicht in den Griff. Nie. Und nimmer. Auf keinen Fall. Und dazu gehört auch das Bestreben, es in den Griff kriegen zu wollen. Das gehört mit zu der Absurdität. Keiner kriegt es in den Griff, nicht einmal der Mann, dem lebenslang alles gelang: Uli Hoeneß. Der hatte doch nur Erfolg. Was er sich vornahm gelang. Guck dir den Verein Bayern München an. Supererfolgreich und weiß Gott alles andere als in den roten Zahlen wie viele völlig überschuldete spanische Vereine. Die können für einen Mario Götze 37 Millionen Ablöse hinblättern. Und jetzt? Gott verdammt! Jetzt hat man ihn sogar verhaftet! Er wäre sogar seit Mitte März 2013 im Knast (Untersuchungshaft), wenn er nicht 5 Millionen Euro berappt hätte. Jetzt, mit 61, muss sich der erfolgsverwöhnte Mann mit hoher Reputation mit den kleinkarierten deutschen Steuerbehörden rumschlagen. Und mit einer heuchlerischen, selbstgerechten Öffentlichkeit, deren Kleingeister nur darauf warten, denen „da oben" eins reinzuwürgen. Und das alles nur wegen seinem Hang zur Zockerei und dem nicht zustande gekommenen Gesetz mit der Schweiz, in das der unbeliebteste Bundeskanzlerkandidat, den es jemals in Deutschland gab, die Kavallerie schicken wollte.

Du kriegst das Leben nicht in den Griff! Es hat dich im Griff. Dich, kleines Menschlein. Dich sterbliches Menschlein. Egal wer du bist. Bekannt wie der Uli oder unbekannt wie ein Gänseblümchen in der Heide, auf das nicht einmal ein Entenarsch scheißt.

Schau genau hin. Dann wirst du nicht daran vorbei sehen können. An diesem subtilen Kontrollzwang. Denk dir nichts dabei. Das ist völlig normal. Nur wenn du glaubst frei von ihm zu sein, hast du ein echtes Problem. Das System ist auf Kontrolle aus. Es ist eingeschleust worden, als du noch mit deinen süßen Füßchen die Wände des Mutterleibs malträtiertest. Versuchs loszuwerden und es wird dich noch stärker hypnotisieren. Loslassen, dass ich nicht lache! Lass los und du kriegst zweifach ab, was schon einfach zuviel ist.

Wenn dir bewusst werden kann, dass das was geschieht, egal was es ist (oder sei) mit dir NULL zu tun hat, wärst du fein raus. Feiner als jeder andere Mensch auf der Erde. Schlicht weil du keiner mehr wärst. Und du bist ja auch keiner. Gott im Himmel, wenn ich mir vorstelle ich wär werner ablass. Prost Mahlzeit!

Nein, werner ablass erscheint. Meistens als erstes, wenn sich die Augen öffnen. Nicht immer jedoch. Manchmal wird zuerst ein Wadenkrampf wahrgenommen. Und was hat ein Wadenkrampf mit werner ablass zu tun? Den kann schließlich jede Wade kriegen. Es könnte sogar die in jungen Jahren gut trainierte Wade von Uli Hoeneß sein. Wade ist Wade, wenn sie sich schmerzhaft verkrampft. Schon gemerkt? Es sind die Absurditäten, die das (ab)klären. Sonst kämst du nicht mal auf die Idee. Sag mal einem Normalo, dass er nicht ist was erscheint, sondern worin! Er wird vermutlich mit dem Gedanken spielen, du hättest nen Klaps.

Mein Leben ist so schwer geworden. Die Belastungen sind kaum mehr tragbar. Alles ist mir zuviel. Ich sitze am liebsten zuhause rum, und selbst das wird mir manchmal zuviel. Schreibt mir jemand.

Kann passieren. Leben ist schwer und ist leicht. Je nachdem, was gerade erlebt wird. Aber wer nimmt wahr, dass alles so schwer oder leicht ist? Stell dir die Frage, selbst wenn sie dein Problem nicht zu lösen scheint. Selbst wenn du einfach nur ein Wunder erwartest. Es macht Baff und du bist Alice im Wunderland!

Ich gönn es dir von Herzen. Aber es würde dein Problem nur temporär lösen. Es liegt tiefer, viel tiefer. Sitzend, stehend, liegend, und sogar kniend bist du was wahrnimmt.

Tue was du tun kannst und überanstreng dich bloß nicht! Es bringt nichts. Außer nen Burnout. Der ist freilich drin. Und ein Geschenk. Denn was geschieht da? Das GeistKörperSystem hat die Bremse gezogen. Und weil du dennoch weiter fährst, sind irgendwann nicht nur die Bremsbeläge, sondern auch die Bremsscheiben im Arsch. Substanz aufgebraucht, das ist ein Burnout. Und dann bist du platt. Und das System findet nun endlich die Zeit sich zu regenerieren.

Du musst nicht verstehen, was gerade passiert. Manchmal gelingt es, aber es bringt dich nicht weiter. Nichts bringt dich weiter, weil du konstant bist. Konstant in dem was wahrnimmt. Es ist die einzige Konstanz, die es gibt. In ihr ist die Stabilität, die du vergeblich in den Umständen, den Emotionen, den Ereignissen, den Erkenntnissen suchst. Ständiger Wechsel ist das Programm, das es am Laufen erhält. Dass sich alles ändert kann sich daher nicht ändern. Dass sich das, was gerade geschieht, wieder ändert, das ist ebenso gewiss. Und es gilt sowohl für die angenehmen als auch die unangenehmem Situationen und Emotionen.

Sei du in dem was wahrnimmt. Wobei du billigend in Kauf nehmen musst, dass du nicht ständig wahrnehmen kannst, dass du lediglich wahrnimmst. Ein Problem wird das nur, wenn dich die Unterbrechungen noch zusätzlich grämen.

Es gibt keine Berge

In gewisser Hinsicht bist du die Quelle. Andererseits bist du ihr Ausfluss. Ein menschliches Wesen. Abhängig von anderen Menschen, Zuneigung, Wetterschutz, Speise, Trank, Income, u.v.a. Sterblich. Schon ein Schnupfen kann dich lahm legen.
Du kommst und du gehst. Fließt aus der Quelle heraus und wieder in sie zurück. Auf der Reise bist du ihr Fluss. Kannst sauber bleiben, wundervoll aussehen, die Erde beleben, ihr dienen. Oder stinken, Fische vergiften, zum Tümpel werden, verelenden. Alles ist möglich.
Der Fluss ist nicht Herr über sich.
Die letzte Wahrheit ist, dass du niemals nicht Quelle sein kannst. Egal wie sehr du stinkst, wie unrein und elend du dich im Fluss wahrnimmst. Daher, wenn du das sehen kannst, wirst du selbst Menschen, deren Verhalten dich abstößt, nie anders als essentiell sehen können. Weil du tiefer schaust und WOW – da ist sie, die Quelle. Ja, wirklich, nie ist jemand nicht diese eine Quelle.
Das ist ein großes, vielleicht das größte Mysterium überhaupt. Du in allem, die Quelle in allem, die Essenz, die in ihrem tiefsten, inneren Wesen Weisheit ist, Liebe ist, pure Energie ist. Ach, wenn du dich so berührst!
Und genau da ist der Punkt, über den ich jetzt schreiben möchte. Du als die Quelle und du als der Fluss, der sich von ihr entfernt, jedoch nur, um zu ihr zurückzukehren. Jeder Fluss fließt zu seiner Quelle zurück. Er kann nirgendwo anders landen. Selbst wenn er zum Tümpel wurde oder zu irgendeiner Giftbrühe. Wenn er sich aber nicht mehr an die Reinheit seines Ursprungs erinnert – wie sollte er auch, wenn selbst die Fische sterben und den bestialischen Gestank noch intensivieren – dann erscheint es ihm so, als sei er getrennt von der Quelle. Und ebenso erscheint ihm der Weg zurück zu der Quelle sehr beschwerlich und weit. *Ach wie weit habe ich mich von meinem Ursprung entfernt. Wie hässlich bin ich geworden. Wie unrein.*
Es ist nur ein Blick – sozusagen. Ein Blick in dein tiefstes Innerstes, in die Essenz aller Dinge (denn es ist weder innen noch außen) und

damit dein wahres Wesen. Die Metapher von Quelle und Fluss endet hier. Denn dein wahres Wesen betreffend, hast du dich nicht einmal einen Millimeter von ihm entfernt. Zeit und Raum suggerieren uns Entfernung. Zeit und Raum sind jedoch Illusion. Du bist alles was existiert. Du als die Quelle.

Mindend[56] kriegst du das nicht hin. Versuch es erst gar nicht. Es ist die Quelle selbst, die dir und damit sich selber zuruft: Vertrau mir! Vertrau dich mir an! Ich werde doch mich selbst nicht verlassen! Niemals. Ich bin du und du ich.

Da ist die Zwei, ja, keine Frage, und doch ist sie einer. Die Quelle und ihr Fluss. Du bist beides. Nicht verstehen wollen. Empfinden. Einfach wissen. Von woher? Spielt das eine Rolle?

Minde nicht – vertraue der Quelle! Die du selbst bist.

Schau da hin. Und damit automatisch weg von der stinkenden Brühe. Ach Gott, die gibt's auch in meiner Erfahrung. Ich könnte mich ersäufen in ihr, so viel hab ich davon. ☺ Ich kann aber nicht. Weil mich etwas zieht. Etwas so wunderschönes, etwas so kraftvolles, etwas so Göttliches. Ja, in diesem Kontext gebrauch ich sogar das Wort Göttlichkeit.

Die Quelle, die Quelle und nichts als die Quelle! Dahin lenk ich deinen Blick. Immer wieder. Das ist keine Verdrängung. Nein, du siehst schon noch was schief und was krumm ist. Aber du hängst nicht daran. Du lässt dich davon nicht hypnotisieren.

Ich weiß nicht, aber manchmal drängt sich mir der Eindruck auf, gewisse Leute lieben den verdreckten Fluss mehr als die Quelle. Womöglich ist ihnen gar nicht bewusst, wie sehr sie ihn lieben. Sie jammern und klagen und bedauern sich über die Maßen, und sehen nicht, dass sie es gar nicht bräuchten. Sie könnten die Quelle genießen. Einfach nach innen schauen und Aaaaaaaa, nichts als Frieden. Es so einfach. Zu einfach wahrscheinlich.

Nicht erst dann, wenn das und das in Ordnung ist, wenn ich geheilt bin, wenn ich meine Traumata aufgearbeitet habe, wenn ich diesen

---

[56] Wenn der Mind in Aktion ist um zu verstehen

ganzen Dreck los bin. Nein, so wird das nix. Im Gegenteil: So vermehrt sich's.

Energie fließt in die Richtung deiner Aufmerksamkeit.

Ich wende deinen Blick. Hin zur Quelle. Schau mir in die Augen (Kleines) und sieh dich. Das bist du. So liebevoll. So friedvoll. So kraftvoll. Und du bist frei von all dem Schmutz. Sofort. In einem Moment. Es ist nur eine kleine Korrektur im Bewusstsein. Die Blickrichtung wird eine andere. Nicht weg von, sondern hin zu. Weg von bedeutet Kampf, Anstrengung, Arbeit. Hin zu ist purer Genuss.

Jedoch selbst wenn du es nicht machst, machen kannst, machen willst, bist du die Quelle. Bist du Schönheit, Reinheit, Klarheit, Unzerstörbarkeit.

Vertrauen. Inmitten von hohen Bergen, die du nicht zu erklimmen vermagst. Unmöglich. Gänzlich unmöglich. Die frohe Botschaft ist: Es gibt gar keine Berge.

Angst vor der Auslöschung

Lieber Werner, was kommt nach dem Tod? Ist es wirklich die totale Auslöschung? Ich kann das einfach nicht glauben.

Tod und Tiefschlaf beginnen nicht nur mit dem gleichen Buchstaben. Sie enden auch mit dem gleichen Ergebnis: Das, was wahrnimmt, erwacht! Nach dem Tod lediglich in einem anderen Kontext als beim Zubettgehen.

So einfach ist es. Die Geschichten, die sich Atheisten erzählen sind ebenso haltlos wie die gläubiger Menschen. Es gibt weder die Auslöschung noch eine jenseitige Welt.

Alles was ist, ist das, was wahrnimmt. Und freilich gibt's auch jene Pause, die Das was wahrnimmt sich gönnt. Den kleinen und den großen Schlaf. Sozusagen. Den kleinen gönnt es sich jede Nacht: Tiefschlaf, in dem nicht mehr geträumt wird. Den großen gönnt es sich, wenn es in einem KörperGeistOrganismus sozusagen langweilig wird. Wenn alles erlebt und erfahren wurde, was mit diesem Organismus zu erfahren und zu erleben war. Dann endet eine Episode in einem der unzähligen Erzählstränge, die in dem das, was wahrnimmt, erscheinen.

The Show must go on! Und so erscheint ein neuer Organismus, in dem das in dem verbrauchten Organismus entwickelte komprimierte Erfahrungssubstrat wieder auflebt. So dass der Erzählstrang, wenngleich auch in einem anderen Kontext, sich fortsetzen kann. Wobei nichts erzählt wird, was nicht bereits als Vorlage existiert. Nur eben noch nicht sichtbar, fühlbar, erlebbar geworden. Der Begriff *Entwicklung* verweist in diesem Kontext auf einen Prozess, wie wir ihn aus der Fotografie kennen: Die chemische Verstärkung des nach der Belichtung unsichtbaren Bildes auf Platte, Film oder Fotopapier und anderen fotografischen Materialien zum sichtbaren Negativ oder Positiv.

Was du gerade erlebst, gerade jetzt in diesem Moment, ist potentiell schon vorhanden gewesen, bevor es in Erscheinung trat. Das bedeutet nicht, dass du dich zurücklehnen könntest, denn jede Aktion ist determiniert. Sie muss sich ereignen, ob du Lust dazu hast oder nicht. Wobei sich dieses Prinzip natürlich auf die Lust ebenso wie auf die Unlust bezieht.

Angst vor der Auslöschung ist solange vorhanden, solange du zu glauben vermagst, dass du die Person bist, die deinen Namen trägt. Die existiert jedoch nur in dem, was ich als *Das was wahrnimmt* bezeichne. Sie ist einer der Akteure in der multidimensionalen Geschichte, die sich in dem was wahrnimmt sozusagen erzählt. Wenn geklärt ist, dass das was wahrnimmt, alles ist, was überhaupt ist, ist die Angst nutzlos geworden und macht sich vom Acker. Funktionale Angst in lebensbedrohenden Situationen wird es zwar nach wie vor geben, weil das KörperGeistSystem auf Überleben programmiert ist, fiktionale Angst vor dem Tod jedoch ist perdu, weil die Fiktion der Auslöschung nicht mehr existiert.

Und die Fiktion einer jenseitigen Welt verliert ebenso ihre Bedeutung. Denn sie ist natürlich nur solange nötig, solange sie die einzig brauchbare Alternative zur Auslöschung darstellt. Sie wurde erfunden, um die Angst vor ihr abzumildern. Wobei natürlich die Vorstellung, in die Hölle kommen zu können, einen immensen Störfaktor bildet. Dieser hält jedoch die Maschinerie der Religionen am Laufen, durch deren Räderwerk die Hölle zum Himmel werden kann. Durch den Glauben an den jeweiligen Propheten oder Erlöser.

Auch das sind Geschichten, die sich in dem was wahrnimmt erzählen. Und sie sind, gerade weil sie so märchenhaft erscheinen, wahrlich perfekt inszeniert.

Leiden ist eine Zivilisationskrankheit

lieber werner,
ich war am freitag bei einem begräbnis.
der sohn meiner schwester wurde begraben.
er war ein lebenslustiger 27 jähriger dj und warf sich einfach aus liebeskummer vor einen schnellzug.
ich weiß keine hintergründe.
die mutter, der vater, die geschwister mit gebrochenem herzen vor dem sarg. ein tragisches bild.
er ist nicht mehr. da kannst du nur heulen.
jedes wort zum trösten ist hinfällig,
weil der schmerz überwiegt.
alles ist erscheinung und doch hat es mich total mitgenommen.
das heulen und der schmerz waren vollkommen echt, auch bei mir.
die anteilnahme kein spiel.
wenn ich deine texte nicht kennen würde, würde das alles sich bei mir in leiden verwandeln.
in liebe und dankbarkeit,
dein helmut

Das ist der Unterschied. Der entscheidende. Der alles entscheidende sogar. Du wirst kein Übermensch. Du kriegst kein Dauerlächeln in die Fresse. Du wirfst nicht etwa mit esoterischen Erklärungen um dich: Das war halt sein Karma. In seinem vorigen Leben hat sie sich wegen ihm umgebracht!

„Sein" voriges Leben? Gibt's gar nicht. Deshalb rede ich so ungern über Reinkarnation. Denn „Du" reinkarnierst ohnehin nicht. Schon allein deshalb nicht, weil du gar nicht existierst. Du bist nichts als eine Figur in einer Geschichte, die sich ohne Erzähler erzählt. Und diese Geschichte hat mit dem, was nach deinem Tod geschieht, nur insofern zu tun, als sie sich aus dem Arsenal bereits vorliegender Materialien bedient. So wie ein Schriftsteller dies tut, wenn er an einem Fortsetzungsroman arbeitet.

Einer meiner Romane, der auf Halde liegt, obgleich es der erste war, der sich schrieb und von dem ich nicht weiß, ob ich ihn jemals veröffentlichen werde, diente mir in Teilen als Material. Ich entnahm ihm Textteile und verwendete sie für zwei Romane, die ich publizierte. Warum sollte ich sie noch einmal neu formulieren? Die Arbeit machte ich mir nicht. Es war doch bereits passiert! So ist Reinkarnation zu verstehen. So und nicht etwa als Seelenwanderung.

Wo bist du in dem Spiel? Dich gibt's überhaupt nicht. Und das gilt nicht nur für die Nachtodlichkeit. Es gilt auch für dein gegenwärtiges Leben.

Was du „mich" nennst ist Figur der Geschichte, mit der ER-LEBT wird. Denn ohne Personen, die auf sich selbst und andere zeigen können, wäre ER-LEBEN unmöglich. **Deshalb** gibt es sie. Aber es sind im Grunde wirklich nur erfundene Figuren in einem Roman. Nur das das ER-LEBTE nicht in einem Buch steht, das man auf der Parkbank oder im Liegestuhl am Meer lesen kann. Der Lebensroman hat den Anschein von Realität. Und wenn du schon beim Lesen eines Roman weinen kannst, wenn einer der dir ans Herz gewachsenen Helden sich vor den Zug wirft, wie erst würde es dir ergehen, wenn dies mit einer Figur aus dem aktuellen Lebensroman geschähe?

Und deshalb ist es undenkbar – außer jemand ist ein emotionales Wrack – das du während des Begräbnisses eines 27jährigen, zumal seine engsten Verwandten anwesend sind, nicht mit ihnen weinst. Der Durchblick findet nicht darin Ausdruck, dass du keinen Schmerz mehr empfindest. Das wäre übrigens weitaus tragischer als die Selbstentleibung des jungen Menschen. Denn außerhalb des familiären Kontextes ist lediglich eine Romanfigur entfernt worden.

Am Grab denkst du freilich nicht daran, dass nur eine von über 7 Milliarden gegenwärtig mitspielenden Romanfiguren aus der Geschichte entfernt wurde. Schon weil das kein Mind-Ding, sondern klares Sehen ist. Klares Sehen findet auf einer Ebene statt, die das Leben nicht ausschließt, sondern einschließt, wozu freilich auch real empfundener Schmerz gehört.

Leiden wirst du jedoch nicht mit der Sicht. Denn Leiden entsteht nur, wenn du kein Menschentier bist, sondern kultiviert und zivilisiert wurdest. Denn dann stellst du Fragen, die nichts mit dem Schmerz des Herzens zu tun haben. Der Herzschmerz kann dich unter Umständen über Jahre begleiten. Freilich nicht ständig, sondern wenn sich dir die Erinnerung an die geliebte Person aufdrängt. Und natürlich kommt's auch drauf an, wie tief die Beziehung war, die euch vereinte.

Leiden entsteht immer durchs Minden: Wieso geschieht mir das? Was hat Gott nur gegen mich? Was hab ich ihm denn getan? Wieso lässt er so ein Unglück zu? Wieso habe ich nicht früher gemerkt, dass er selbstmordgefährdet ist? Ich hätte es verhindern können und verhindern müssen! Und wieso hat sich diese blöde Kuh nur so abrupt von ihm abgewandt? Dieses Flittchen hat es doch überhaupt nicht ernst mit ihm gemeint! Sie trifft die eigentliche Schuld! Ich könnte sie umbringen. Etc., etc.

So denkt der kultivierte, zivilisierte Mensch. Ist es nicht so? Das hat uns die Zivilisation eingebracht. Nicht nur Smartphone, High-Heels, Billigflüge und Tom-Tom.

Und deshalb leidet der zivilisierte Mensch. Pygmäen leiden nicht, wenn einer ihrer Artgenossen das Zeitliche segnet. Sie heulen wie ihre Brüder und Schwestern, die Tiere, und wenn sie sich ausgeheult haben, geht der Alltag weiter wie zuvor.

Leiden ist im Grunde genommen eine Zivilisationskrankheit. Der sogenannte Wilde leidet nicht, er kann lediglich Schmerz empfinden, wenn er Verlust erfährt.

Wenn du runter kommst von der Hochnäsigkeit deines mit Wissen vollgestopften Intellekts, deines erlernten Wissens, deines akademischen Grads und dem ganzen Gedöns, auf das du dich verlässt, wirst du dich auch dann nicht verlassen fühlen, wenn schreckliche Dinge geschehen. Verlassen fühlst du dich nur, wenn du dein wahres Zuhause für den Mind eingetauscht hast. Den Mind, der dein Diener, jedoch nicht der Herr im Hause sein soll.

Mysteriös, oder?

Das Leben mein ich natürlich. Die Welt. Das All. Und besonders mysteriös sind jene, die sie zu verstehen glauben. Die ihre Weisheit, die in Wahrheit aus zusammengebastelten Konzepten besteht, aus heiligen Büchern oder durch Gottes Stimme beziehen. Ich gehörte etwa 20 Jahre zu ihnen, daher kann ich es mir leisten, sie als Idioten zu bezeichnen. Und ich tu das nicht etwa, weil ich frustriert wäre. Es ist vielmehr eine Verbeugung vor der Primärenergie und apersonalen Weisheit, die diese ungeheure Idiotie, die mich immer wieder fassungslos macht, zu Mächten gestaltet, ohne die die Welt eine ganz andere wäre.

In meiner Wahrnehmung bleibt das Rätsel Leben letztlich ungelöst. Ja, freilich, der ungeborene Ursprung ist jenes reine Potenzial, das man ebenso Gott wie Leere nennen kann. Ebenso unbedingte Liebe wie ruhende Energie. Bevor du den Schalter betätigst, ist die Energie schon vorhanden, mit der dein PC hochfährt. Gott im Stand-by-Modus könnte man auch zur Leere sagen.

Schau, das bist du! Ist dir das klar? Was passiert denn beim morgendlichen Erwachen? Der universale PC fährt (mit dir) hoch. All die Programme werden geladen. Mein PC ist aufgrund seines Alters und der vielen gespeicherten Programme etwas langsamer geworden (wobei meine Analyse freilich laienhaft ausfällt). Und so öffnet sich etwas später als noch vor 1 Jahr das Textprogramm. Microsoft Word und die Finger beginnen ein neues Textchen zu schreiben. Was sich schreiben wird, war zuvor schon vorhanden. Nur wusste ich noch nicht was. Und das wird nun erlebt. Was zuvor schon vorhanden war. Als Potenzial.

Und so war das auch mit der Computertechnik. Sie war vorhanden, bevor sie entdeckt wurde. Ein treffendes Wort übrigens, dieses „Entdeckt". Eine Decke fällt weg, so dass das erscheint, was sie ver-deckt. Das ist alles.

Doch fragen wir doch einfach mal Frau Wikipedia, wie es dazu kam:
Da die statischen Berechnungen im Bauingenieurwesen sehr monoton und mühselig waren, kam Konrad Zuse die Idee, diese zu automati-

sieren. Er kündigte 1935 seine Statiker-Tätigkeit und widmete sich ausschließlich der Umsetzung seiner Pläne, die er in einem Tagebucheintrag vom Juni 1937 beschreibt: „Seit etwa einem Jahr beschäftige ich mich mit dem Gedanken des mechanischen Gehirns." Das Resultat war der 1938 fertiggestellte, elektrisch angetriebene mechanische Rechner Z1. Er arbeitete als erster Rechner mit binären Zahlen und besaß bereits ein Ein- / Ausgabewerk, ein Rechenwerk, ein Speicherwerk und ein Programmwerk, das die Programme von gelochten Kinofilmstreifen ablas. Die Z1 arbeitete aufgrund von Problemen mit der mechanischen Präzision nie zuverlässig; die mechanischen Schaltwerke klemmten regelmäßig. Von Charles Babbage – den auch Zuse als „den eigentlichen Vater des Computers" anerkennt – hat er erst lange nach dem Ende des Zweiten Weltkriegs erfahren.

Und nun frage ich dich: Wie kam es denn dazu, dass Herbertchen sich mit dem Gedanken eines mechanischen Gehirns beschäftigte? Du magst sagen: Weil ihm bei den statischen Berechnungen langweilig war. Und es würde stimmen. Und wenn du auf seine Fähigkeiten verweisen würdest, hättest du ebenso recht. Aber das alles sind sozusagen Sekundärfaktoren. Primär ist: eins führte zum andern. Und schließlich war der Computer geboren. Und was er heute ist, ent-wickelte sich aus dem ersten. Und all jene, die wir namentlich nennen könnten, sind nur Figuren, die die primäre Energie instrumentalisiert (hat).

Wir wissen nicht woher Elektrizität kommt! Wir wissen nur, wie man sie gewinnen bzw. einsetzen kann. Woher kommt das Wissen darum? Wiederum: wir wissen es nicht.

Gott weiß nicht wer er ist. Daher weißt du nicht wer du bist. Denn du bist Gott. Du warst es (sozusagen) schon immer. Nur wusstest du nicht, dass du Gott bist, und zwar weil du als sterbliches Menschlein erscheinst. Und so suchtest du nach dem was du bist. Und wirst es aber nie finden (können). Weil Gott sich nicht findet und nicht finden kann. Daher mussten die, die ihn fanden, zu Idioten werden. Weil Gott sich nicht finden kann, war das die Konsequenz. Gott, der sich findet, ist eine Lüge.

Auf der Suche nach dem was du wirklich bist, triffst du entweder auf die Erklärung der Idioten, die alles über Welt und Gott wissen oder die apersonale Weisheit, die überhaupt nichts über sich weiß. Gott weiß nichts über sich. Er weiß nicht woher er kommt und wohin er geht. Und wenn er das nicht akzeptieren kann, wird er zum Idioten und erfindet heiligen Bullshit oder heilige Scheiße, wenn du Wert darauf legst, dass ich mich als Deutscher immer der deutschen Sprache bediene. ☺ Das ist Gott in der Scheiße. Und ich kenn sie gut, denn ich steckte bis zum Hals in der Drecksbrühe drin.

Gott kann unmöglich wissen wer er ist, weil er unsichtbar und unfühlbar und nicht wahrnehmbar ist. Sichtbar kann nur werden, was an vergänglichen Objekten erscheint. Etwas, das formlos ist, kann unmöglich Form annehmen. Das ist jedoch ein gewaltiger Vorteil. Profan ausgedrückt. Denn auf diese Weise bleibt Gott außen vor. Egal was geschieht.

Na toll, magst du sagen, er bleibt verborgen und ich arme Sau muss die Suppe auslöffeln, die er mir eingebrockt hat! Das wäre eine zwar verständliche, jedoch gleichzeitig idiotische Argumentation. Denn erinnere dich: Du bist Gott. Daher ist es *dein* Vorteil, wenn du verborgen bleibst, denn du bleibst dadurch unangetastet, rein, unberührt, unerschütterlich. Das Karussell dreht sich sozusagen um dich rum und macht doch den Eindruck, als würdest du mit ihm kreiseln.

Das ist Weisheit! Außerhalb mittendrin sein. Und nicht wissen woher ich komme und wohin ich gehe. Niemals. Stets bin ich mir selbst das größte Wunder! Ich sitze nicht auf dem Thron und richte die Toten nach ihren Taten. Was für ein Blödsinn dabei rauskommt, wenn man zu wissen glaubt, wer Gott und was sein Wille ist! Schon bemerkt?

Nicht weniger idiotisch ist jener Gott, der in seinem Geschöpf einen Prozess von Alpha nach Omega durchläuft, um wie ein Schweizer Käse zu reifen. Wieso um Gotteswillen sollte Gott reifen, wenn er anschließend ist was er vorher schon war?

Nein, je mehr Gott zu wissen meint, desto mehr verblödet er. Aber er kann es sich leisten, denn die Verblödung betrifft nur die Erscheinung, nie die Essenz. Nie das Zentrum. Nie die Substanz. Nie die Leere. Nie das Nichts. Nie das was wahrnimmt. Nie Gott selbst.

Wenn Gott sich schließlich all des Wissens, mit dem er glaubte, sich selbst erkennen zu können, entäußert, weil er erkennt, wie töricht es macht, wird er was er wirklich ist: Unschuldig, unbedarft, unwissend, kindlich. Und er staunt! Staunt über das, was aus ihm herausfließt. Wie ein Künstler, der sich seiner Ohnmacht bewusst, staunen mag über das kreative Werk seiner Hände: *Ich hab das gemacht? Wirklich? Oh nein, gänzlich unmöglich. Ich hab nix getan. Gar nix. Und doch all das erreicht, was erscheint. Heraus aus dem Nichts.*

Das bist du. Das ist Gott. Der nicht weiß wer er ist, woher er kommt, wohin er geht, wie er Leben hervorbringt, Welt hervorbringt, Brücken baut, Brücken brechen lässt, deppert wird, weise wird. Der nichts kann und doch all das kann, was ihm wie ein Wunder erscheint, das wohl ein Gott „über ihm" gemacht haben muss. Kannst du dir vorstellen, wie markerschütternd Gott lacht, wenn ihm klar wird, dass er selbst alles schafft, obgleich er keine Hand rührt? Allerdings kann er dies nur, wenn er Mensch ist. Denn ohne das mensch-sein kann Gott nicht einmal deppert-sein, sondern lediglich nicht-sein. Und damit lassen wir's erst mal gut sein.

Sela!

Weitere Informationen zu Büchern, Hörbüchern, Videos und Veranstaltungen von Werner Ablass finden Sie auf seiner Website:

www.wernerablass.de